신문이 보이고 뉴스가 들리는 ⑦

재미있는
세계 명화 이야기

신문이 보이고 뉴스가 들리는 ❼
재미있는 **세계 명화 이야기**

초판 1쇄 발행 | 2014년 1월 21일
초판 8쇄 발행 | 2023년 5월 17일

지 은 이 | 이일수

펴 낸 곳 | (주)가나문화콘텐츠
펴 낸 이 | 김남전
편 집 장 | 유다형
편 집 | 김아영
디 자 인 | 양란희
외주 디자인 | 이순영
마 케 팅 | 정상원 한웅 김건우
관 리 | 임종열 김다운

출 판 등 록 | 2002년 2월 15일 제10-2308호
주 소 | 경기도 고양시 덕양구 호원길 3-2
전 화 | 02-717-5494(편집부) 02-332-7755(관리부)
팩 스 | 02-324-9944
홈 페 이 지 | ganapub.com
이 메 일 | ganapub@naver.com

ISBN 978-89-5736-647-9(74600)

*작품 정보 : 〈작품명〉, 작가명, 제작 연도, 재료와 기법, 크기(세로×가로), 소장처

*책값은 뒤표지에 표시되어 있습니다.
*이 책의 내용을 재사용하려면 반드시 (주)가나문화콘텐츠의 동의를 얻어야 합니다.
*잘못된 책은 구입하신 서점에서 바꾸어 드립니다.
*'가나출판사'는 (주)가나문화콘텐츠의 출판 브랜드입니다.

이 도서의 국립중앙도서관 출판시도서목록(CIP)은 서지정보유통지원시스템홈페이지(http://seoji.nl.go.kr)와
국가자료공동목록시스템(http://www.nl.go.kr/kolisnet)에서 이용하실 수 있습니다.(CIP제어번호: CIP2013026291)

ⓒ Succession Marcel Duchamp/ADAGP, Paris, 2013
ⓒ René Magritte/ADAGP, Paris-SACK, Seoul, 2013
ⓒ 2013-Succession Pablo Picasso - SACK (Korea)
ⓒ Marc Chagall/ADAGP, Paris-SACK, Seoul, 2013 Chagall ®
ⓒ The Andy Warhol Foundation for the Visual Arts, Inc./SACK, Seoul, 2013
ⓒ Salvador Dalí Fundació Gala-Salvador Dalí SACK, 2013

〈저작권 안내문〉

이 서적 내에 사용된 일부 작품은 SACK를 통해 ADAGP, ARS, Succession Picasso, VEGAP와 저작권 계약을 맺은 것입니다.
저작권법에 의하여 한국 내에서 보호를 받는 저작물이므로 무단 전재 및 복제를 금합니다.

• 제조자명 : (주)가나문화콘텐츠
• 주소 및 전화번호 : 경기도 고양시 덕양구 호원길 3-2 / 02-717-5494
• 제조연월 : 2023년 5월 17일
• 제조국명 : 대한민국
• 사용연령 : 4세 이상 어린이 제품

신문이 보이고 ⑦
뉴스가 들리는

재미있는
세계 명화 이야기

글 이일수 (전시 기획 감독)

가나출판사

| 머 리 말 |

미술, 아는 만큼 보인다

여러분은 미술관에 자주 가나요? 제가 미술관에 온 친구들을 보면 크게 세 부류로 나뉘는 것 같아요.

첫 번째는 몇 작품을 골라서 그 밑에 있는 설명을 열심히 적는 친구들이에요. 학교에서 감상문 숙제를 받은 거겠지요. 두 번째는 단체 관람을 와서 웅성웅성 떠들면서 작품을 보는 둥 마는 둥 하다가 돌아가는 경우예요. 그리고 세 번째는 천천히 그림을 보면서 마음에 드는 작품이 있으면 멈춰 서서 소곤소곤 대화를 나누는 친구들이에요. 이 친구들은 전시장을 나갈 때 기분 좋은 얼굴빛이 되어 있어요. 고생해서 전시회를 연 전시 기획팀은 이런 친구들을 볼 때 보람을 느낀답니다. 여러분은 어떤 부류인가요?

샤갈, 고흐, 고갱, 마그리트……. 최근 몇 년 사이에 우리나라의 여러 미술관에서 서양 명화 전시가 많이 열리고 있어요. 이런 기회에 명화를 직접 보는 것은 아주 좋은 경험이라고 생각해요.

전시회 소식을 들었을 때 여러분이 잘 아는 화가의 전시회라면 꼭 챙겨 보겠지요. 하지만

낯선 화가라면 아무래도 관심이 덜 갈 거예요. 미술은 정말 아는 만큼 보이는 것이거든요. 또 보는 만큼 알고 싶어지고요.

최근 몇 년 사이에 교과서가 개편되면서 교과 과정에서 미술 감상을 중요하게 다루고 있어요. 또 초등학교뿐만 아니라 중·고등학교 교과서 내용이나 대입 시험에서도 미술을 예로 든 지문들이 많아졌어요. 이처럼 서양 명화 전시가 자주 열리고 교과 과정에서 미술에 관한 내용이 많아진 것은 미술의 무한한 창조의 힘이 다양한 분야와 통하기 때문이에요. 또 미술은 역사의 기록이고 화가들의 고백이기도 하며 끝없는 도전의 결과물이기도 해요. 미술에는 치유의 힘이 있고 추리 소설보다 더 흥미진진한 비밀이 담겨 있기도 하지요.

저는 미술에 관한 유익한 정보를 줄 수 있도록 이 책에 미술 전시회에서 만날 수 있는 명화와 교과서에 자주 등장하는 명화 86점을 골라 6개의 보따리로 나누었습니다. 어린이 여러분에게 어렵게 느껴지는 미술 전문 용어는 되도록 빼고, 꼭 알아야 하는 이야기는 쉽게 설명하려고 노력했어요. 미술 작품에 담긴 흥미진진한 이야기, 이제 그 보따리를 풀어 볼까요?

미술책 저자 겸 전시 기획 감독 이일수

| 차 례 |

머리말 · 4

1장 영원한 명작의 향연 인간 중심의 미술이 부활하다 · 10

라오콘과 그의 아들들 고대 그리스 예술의 기적, 라오콘과 그의 아들들 · 12
프리마베라 여러분께 프리마베라를 · 16
최후의 만찬 최고의 명작, 최후의 만찬 · 22
모나리자 세계에서 제일 유명한 초상화 · 28
다윗 골리앗을 쓰러뜨린 양치기 소년, 다윗 · 32
아테네 학당 그림이 철학을 말해요 · 36
여름 달콤한 과일이 된 청년 · 40

2장 다양한 명화의 즐거움 서민의 삶부터 왕의 삶까지, 모두가 그림이다 · 44

시골의 결혼식 결혼식에 놀러 오세요 · 46
마리 드 메디시스와 앙리 4세의 만남 17세기 전 유럽, 루벤스의 그림에 빠지다 · 50
니콜라스 툴프 박사의 해부학 강의 잘 보세요, 이 근육은 이 손가락들을 움직이게 합니다 · 56
시녀들 그림의 비밀을 찾아서 · 58
우유를 따르는 여인 그녀에게 축복을 · 62
미델하르니스의 가로수 길 어디로든 갈 수 있는 길 · 68
그네 사랑은 그네를 타고 · 70
발레 수업 발레 수업 엿보기 · 74
물랭 드 라 갈레트의 무도회 정원에서 열린 무도회 · 76

비 오는 날, 파리 도시에 비가 내리면 · 80
폴리베르제르의 술집 누가 화가 앞에 있을까요? · 82
피아노 치는 소녀들 쉿, 그림에서 음악 소리가 들려요 · 84

3장

사건이 남긴 명화 화가, 신문을 보고 그림을 그리다 · 88
1808년 5월 3일 고야는 진정한 고발자인가? · 90
메두사호의 뗏목 여기, 사람 있어요! 살려 주세요! · 94
민중을 이끄는 자유의 여신 시민들은 왜 화가 났는가? · 98
칼레의 시민들 이들은 영웅인가요? 죄인인가요? · 100
전쟁 평화의 땅에서 난폭하게 질주하는 말 · 102
게르니카 민간인에게 폭격하는 것은 절대 안 돼! · 104
한국에서의 학살 파키소가 그린 1950년 한국 전쟁의 참상 · 108

4장

명화의 조건 화가들의 예술적 고민 · 110
그랑드 오달리스크 상상과 동경의 세계를 그리다 · 112
만남(안녕하세요, 쿠르베 씨) 사업가와 예술가가 만날 때 · 114
이삭 줍는 사람들 언제쯤이면 저 허리를 펼 수 있을까요? · 118
키스 키스는 황금빛 · 120
풀밭 위의 점심 식사 감상자를 보는 불편한 시선 · 122
인상, 해돋이 이전에는 없던 해 · 124
생각하는 사람 '지옥의 문' 앞에서 생각하는 사람 · 128
그랑드 자트 섬의 일요일 오후 과학, 그림을 부탁해 · 130

병과 사과 바구니가 있는 정물 세잔은 사과에서 무엇을 보았을까? · 134

생 빅투아르 산 화가가 산으로 간 이유 · 138

5장

자전적 이야기가 담긴 명화 명화, 슬픔과 고뇌 위에 꽃피다 · 140

고흐의 자화상 요즘 나의 표정은 어떨까? · 142

물랭 루즈 로트렉은 왜 '물랭 루즈'로 갔을까? · 144

우리는 어디서 왔는가, 우리는 무엇인가, 우리는 어디로 가는가
죽음 앞에서 그린 그림 · 146

절규 생의 공포 · 150

사춘기 내 안에 있는 또 다른 나 · 152

나와 마을 나의 살던 고향은 · 154

에펠탑의 신랑, 신부 신랑, 신부는 어디로 날아가나요? · 156

가시 목걸이와 벌새가 있는 자화상 "내가 많이 아파요."라고 말해 보세요 · 158

6장

현대 미술 감상하기 현대 미술은 어려운 명화? 쉬운 명화? · 162

아비뇽의 처녀들 회화에 대한 과격한 혁명 · 164

붉은 조화 색을 가지고 변신놀이를 한 화가 · 166

계단을 내려오는 누드 2 아, 그림에 움직이는 사람이 있다! · 172

공간 속에서의 연속적인 단일 형태들 우리는 힘찬 움직임이 좋다! · 176

키클롭스 외눈박이 거인의 사랑 · 178

샘 이것은 예술 작품인가? · 180

공간 속의 새 날아가는 새의 모습을 보았니? · 182

세 여인 기계 인간이 된 사람들 · 184

세네치오 가장 아름다운 동그라미, 세모, 네모 이야기 · 186

기억의 지속 두통과 그림 · 188

넘버 1A 물감을 붓고 튀기는 '액션 페인팅'의 시작 · 192

골콩드 하늘에서 남자들이 비처럼 내려요 · 194

캠벨 수프 통조림 내 예술은 '세상을 비추는 거울' · 198

사진 출처 · 200

찾아보기 · 201

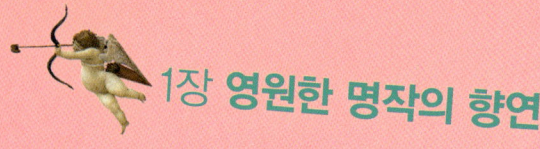

1장 영원한 명작의 향연

인간 중심의 미술이 부활하다

기독교의 영향력이 컸던 중세 시대의 유럽과 중동, 북아프리카에서는 신을 주제로 한 종교 미술과 성당 건축이 발달했어요. 그러다가 이탈리아가 르네상스 시대를 열면서 유럽의 여러 나라에서는 인간 중심의 미술이 부활해요. '르네상스'는 '재생', '부활'이라는 뜻으로, 르네상스 미술은 중세 시대에 관심을 두지 않았던 아름다운 자연의 가치와 인간다움의 가치를 되살리고자 했어요. 이런 새로운 생각은 고대 그리스와 로마 미술에 대한 관심으로 이어졌지요. 자, 이제 르네상스 미술을 대표하는 영원한 명작들을 만나 볼까요?

<라오콘과 그의 아들들>, 작가 미상,
기원전 40~30년경, 대리석, 높이 210cm, 바티칸 미술관

고대 그리스 예술의 기적, 라오콘과 그의 아들들

작가 미상 〈라오콘과 그의 아들들〉

　르네상스 미술 작품을 소개하기에 앞서, 르네상스의 바탕이 된 고대 그리스 미술의 대표작 가운데 하나를 살펴보기로 해요.

　바로 대리석 조각인 〈라오콘과 그의 아들들〉입니다.

　르네상스의 거장 미켈란젤로는 "〈라오콘과 그의 아들들〉은 예술의 기적이다."라고 말했다고 해요. 미켈란젤로는 자신의 작품에 삶의 고통, 기쁨, 슬픔 등 다양한 감정이 드러날 수 있도록 고대 그리스 조각을 열심히 연구했어요. 그만큼 고대 그리스 미술은 르네상스의 예술가들에게 많은 영감을 주었지요.

　이 조각은 그리스·로마 신화 속의 내용을 표현한 작품이에요. 라오콘은 여러분이 잘 알고 있는 트로이 목마 이야기와 관련 있는 인물입니다. 혹시 기억나지 않는 친구들을 위해 라오콘 이야기를 간단히 해 줄게요.

　그리스와 트로이의 전쟁 때, 트로이의 사제 라오콘은 그리스군이 본국으로 철수하면서 성 앞에 두고 간 목마를 절대 성 안으로 들여서는 안 된다고 경고합니다. 거대한 목마 안에 그리스 군인들이 숨어 있을 것을 알았기 때문이지요.

라오콘의 경고는 사실이었어요. 그리스군의 철수는 위장이었고, 목마 안에 숨어 트로이 성으로 들어가려는 전략이었거든요. 그리스를 돕던 신들은 트로이를 망하게 하려는 그들의 계획이 라오콘 때문에 방해받게 되자 거대한 뱀 두 마리를 보내 라오콘과 그의 두 아들을 질식시켜 죽게 합니다. 〈라오콘과 그의 아들들〉은 그 고통스러운 죽음의 순간을 대리석 조각으로 표현한 작품이랍니다.

어린 두 아들 정도는 한입에 꿀꺽 삼킬 수 있을 것 같은 거대한 뱀을 보세요. 고통의 순간이 짧도록 차라리 한번에 꽉 물어 죽이는 게 나으련만, 뱀은 긴 몸뚱이로 서서히 휘감으면서 숨통을 조이고 있어요. 숨이 끊어질 것 같은 라오콘의 고통스러운 표정, 두려움에 떠는 두 아들의 표정이 너무도 생생해서, 단단한 돌덩이를 깎아 만들었다는 것이 믿어지지 않을 정도예요. 또 극적인 순간의 표현이 얼마나 사실적인지, 마치 "아아악!" 하는 고통의 신음소리가 귀에 들리는 것 같아요. 죽음의 두려움과 엄청난 고통에 질린 눈동자를 보세요. 그리고 몸 근육의 움직임과 가슴뼈, 발가락 하나하나에까지 표현된 감정을 느껴 보세요.

표정이란 것은 감정의 표현인데, 차갑고 단단한 대리석에 어떻게 저리도 섬세하게 표정을 나타낼 수 있는지, 고대 그리스 예술가의 수준을 충분히 짐작할 수

〈라오콘과 그의 아들들〉의 부분

있어요. 도구나 작업 환경 등이 지금보다 훨씬 못 미쳤을 텐데도 이런 멋진 작품을 남기다니, 고대 그리스의 예술가들은 정말 대단하죠?

르네상스의 예술가들은 이 같은 고대 그리스 미술의 훌륭한 유산을 다시 부활시키고자 했어요. 그래서 그리스 미술의 특징인 우아함, 이상적인 인체의 비례, 생생한 표현을 르네상스 미술에서도 찾아볼 수 있지요. 이러한 경향이 널리 퍼지면서 사람들은 중세 시대를 지배했던 신 중심의 세계관을 벗어나 인간의 감정과 인간의 가치로 시선을 돌리게 되었답니다.

〈라오콘과 그의 아들들〉의 부분

〈라오콘과 그의 아들들〉은 16세기 초 이탈리아 로마에서 한 농부가 우연히 발견했어요. 어느 날 포도밭을 갈다가 고대 그리스의 목욕탕 유적을 발견하게 되었는데, 그 안에 이 조각상이 들어 있었다고 해요. 발견 당시에는 라오콘의 오른팔이 부러진 채였는데, 한참 시간이 흐른 뒤인 1905년에 로마의 어느 채석장에서 오른팔이 발견되어 몸과 연결했답니다.

〈프리마베라〉, 산드로 보티첼리,
1482년경, 목판에 템페라,
203×314cm,
피렌체 우피치 갤러리

여러분께 프리마베라를

산드로 보티첼리 〈프리마베라〉

　여러분은 봄, 여름, 가을, 겨울 중 어느 계절을 가장 좋아하나요? 신 나는 물놀이를 할 수 있는 여름도 좋고, 추석이 있는 풍성한 가을도 좋고, 흰 눈이 내리는 낭만적인 겨울도 좋겠지요. 하지만 무엇보다 꽁꽁 얼어붙었던 차가운 겨울의 끝에서 만나는 싱그러운 봄이 제일 반갑고 기분 좋은 계절이 아닐까요? 얼음으로 뒤덮였던 땅속에서 파릇파릇한 새싹이 올라오고, 차가운 겨울바람에 밀려 멀리 갔던 새들도 돌아오니, 왠지 좋은 일이 생길 것 같아 마음이 두근두근 설레는 계절이 바로 봄입니다.

　여기, 보티첼리가 고대 신화에서 영감을 받아 봄의 시작을 표현한 그림 〈프리마베라〉가 있습니다. 프리마베라는 이탈리아어로 '봄'이라는 뜻이에요.

　그림의 오른쪽을 보세요. 나무 사이를 날고 있는 몸이 파란 인물이 있는데, 바로 서풍의 신 제피로스입니다. 그가 입안에 바람을 가득 채운 채 꽃의 요정 클로리에게 숨결을 불어넣자, 클로리의 입에서 꽃이 쏟아져 나옵니다.

그 옆에 꽃관을 쓰고 꽃무늬 드레스를 입은 인물은 클로리가 변신한 꽃의 여신 플로라예요. 플로라는 드레스 앞자락에 담은 꽃들을 세상에 뿌리고 있어요. 이렇게 클로리가 플로라가 되는 순간, 세상은 아름다운 꽃들과 싱그러운 이파리들로 넘쳐난답니다. 향긋한 꽃향기가 가득하고 나비가 춤추는 봄에는 온 세상이 아름다워 보이지요.

그림의 가운데, 다른 인물들보다 약간 뒤쪽에 사랑의 여신 아프로디테가 있네요. 그리고 아프로디테의 머리 위에서 그녀의 아들 에로스가 눈을 가린 채 누군가를 향해 사랑의 화살을 당기려 해요. 여러분, 조심하세요! 누구라도 저 화살을 맞으면 사랑에 빠지게 되니까요. 화살을 맞고 처음 만나는 사람에게 첫눈에 반하게 된답니다.

에로스의 화살이 향하고 있는 곳에는 아프로디테의 세 시녀 '삼미신(세 명의 미의 여신)'이 있어요. 삼미신은 제우스와 에우리노메 사이에서 태어난 세 자매들로, 아름다운 여성을 표현하려는 화가들이 그림에 자주 그려 넣는 주제랍니다. 물론 화가들마다 삼미신을 표현하는 방식은 각기 달라요.

그림 가장 왼쪽에는 날개 달린 샌들을 신고 칼을 찬

에로스

아프로디테

삼미신

〈프리마베라〉의 부분

멋진 청년이 마법 지팡이를 들어 구름을 만들어 내고 있네요. 이 청년은 바로 소식을 전하는 전령의 신 헤르메스입니다. 헤르메스는 또한 상인들의 수호신이기도 하답니다. 보티첼리에게 이 그림을 주문한 메디치 가문은 이탈리아 피렌체에서 상업으로 부를 축적한 가문이에요. 보티첼리가 그림에 헤르메스를 그려 넣은 이유는 아마도 상인들이 더 많은 부를 축적하기를 바란다는 의미를 담기 위해서였겠죠?

흔히 가을은 남자의 계절이고 봄은 여자의 계절이라고 하죠. 하지만 봄이면 작은 꽃봉오리들이 여기저기서 앞다투어 피어나고, 온갖 나비들이 날아들고, 하늘에서는 새들이 노래하는데, 어떻게 여자들의 마음만 움직이겠어요. 피천득 시인의 〈봄〉이란 시에도 봄의 설레는 느낌이 담뿍 담겨 있어요. 한 점의 그림, 그리고 한 편의 시를 통해 여러분 마음에 '프리마베라'의 향기가 가득하기를!

봄
- 피천득

걸음걸음 봄이요
파-란 파란빛 치맛자락
쳐다보면 하늘엔
끊어낸 자욱은 없네

헤르메스

〈프리마베라〉의 부분

보티첼리의 다른 작품들

〈비너스의 탄생〉
1483~1485년경, 캔버스에 템페라, 184.5×285.5cm, 피렌체 우피치 갤러리

〈동방박사의 경배〉
1475년경, 목판에 템페라, 111×134cm, 피렌체 우피치 갤러리

<최후의 만찬>, 레오나르도 다 빈치, 1495~1497년, 회벽에 유화와 템페라, 460×880cm, 산타마리아 델레 그라치에 성당

최고의 명작, 최후의 만찬

레오나르도 다 빈치 〈최후의 만찬〉

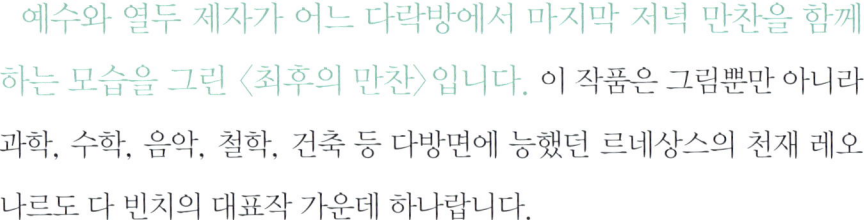

　예수와 열두 제자가 어느 다락방에서 마지막 저녁 만찬을 함께 하는 모습을 그린 〈최후의 만찬〉입니다. 이 작품은 그림뿐만 아니라 과학, 수학, 음악, 철학, 건축 등 다방면에 능했던 르네상스의 천재 레오나르도 다 빈치의 대표작 가운데 하나랍니다.

　그런데 이 그림에서 왠지 술렁임이 느껴지지 않나요? 이 그림은 예수가 십자가에 못 박혀 숨지기 전날, 제자들에게 "너희 중에 한 명이 나를 팔아넘길 것이다."라고 말한 직후를 표현한 거랍니다. 예수의 예언에 제자들은 충격을 받거나 믿지 못하겠다는 표정들이에요.

　같은 주제를 그린 다른 화가들의 그림을 보면 제자들의 반응이 좀 과장되어 있는데, 다 빈치가 표현한 〈최후의 만찬〉은 차분한 편입니다. 그리고 다른 화가들이 유다를 다른 제자들과 떨어뜨려 앉혀서 배신한 제자임을 한눈에 알아볼 수 있게 한 것에 비해, 다 빈치는 과장된 움직임 없이 열두 제자들이 나란히 앉아 있는 모습으로 그렸어요. 이것이 오히려 각 인물의 미묘한 동작과 표정에 집중하게 만들지요.

　자, 그럼 그림 속 인물들을 좀 더 자세히 살펴볼까요? 그림 왼쪽부터

바돌로메, 야고보(세베대의 아들), 안드레아, 베드로, 유다(가롯), 요한입니다. 그리고 중앙에 예수가 있고, 그다음 도마, 야고보(알페오의 아들), 빌립, 마태오, 유다(다대오), 시몬입니다.

예수의 오른편에 앉은 세 명부터 보면, 예수와 가장 가까운 곳에 요한이 있습니다. 침통한 표정으로 눈을 내리깔고 있어요. 요한에게 "배신자가 누군지 혹 아는가?" 하고 귓속말을 하는 제자는 베드로입니다. 베드로는 불같은 성격이었는데, 이 그림에서도 오른손에 빵을 써는 칼을 든 채로 큰 동작을 취하고 있습니다. 베드로가 들고 있는 칼에는 상징적인 의미가 있어요. 예수가 붙잡히던 저녁, 베드로는 욱하는 성미를 못 이기고 칼을 휘둘러 대제사장이 거느린 종의 귀를 베게 되지요.

<최후의 만찬>의 부분

베드로의 앞에는 유다가 앉아 있는데 깜짝 놀라 몸을 약간 뒤로 젖힌 채 베드로와 요한을 보고 있습니다. 유다는 오른손에 주머니를 들고 있어요. 주머니는 이 그림에서 유다를 식별할 수 있게 해 주는 매우 중요한 단서랍니다. 유다가 열두 제자들의 회비를 관리했으며, 예수를 은전 30냥에 파는 배신을 저지르기 때문입니다.

예수의 왼편에서 얼굴을 내밀며 검지손가락으로 하늘을 가리키는 제자는 도마입니다. 도마는 의심이 많아서 나중에 예수의 부활을 믿지 못하

<최후의 만찬>의 부분

고 "나는 예수 손바닥의 못 자국이나 옆구리의 창에 찔린 자국에 손가락을 직접 넣어 봐야 믿겠다."라고 하거든요.

이 그림은 밀라노의 한 수도원 식당 벽에 그려진 벽화입니다. 식당 벽이 그다지 넓은 편이 아니었기에, 다 빈치는 당시에 발명된 원근법(눈으로 보는 것처럼 멀고 가까움을 느낄 수 있도록 화면에 표현하는 기법)으로 열세 명의 인물들이 앉아 있는 배경을 뒤로 길게 빼서 공간을 확장시켰어요.

또 다른 화가들은 보통 예수의 머리 뒤에 후광을 그리는데, 이 그림에는 후광이 없지요. 대신 다 빈치는 창문을 세 개 그려서 창밖의 빛이 예수의 후광처럼 보이도록 하고 있어요. 이처럼 다 빈치는 완벽하게 계산된 구도, 정교한 상징, 인물의 다양한 감정 표현을 통해 최고의 명작을 탄생시켰답니다.

다 빈치의 다른 작품들

〈수태고지〉
1472년경, 목판에 템페라와 유화, 104×217㎝, 피렌체 우피치 갤러리

〈암굴의 성모〉
1492~1499년, 1506~1508년, 목판에 유화,
189.5×120㎝, 런던 내셔널 갤러리

〈성 안나와 함께 있는 성 모자〉
1510년경, 목판에 유화,
168×130㎝, 파리 루브르 박물관

세계에서 제일 유명한 초상화

레오나르도 다 빈치 〈모나리자〉

　이탈리아 르네상스의 거장 레오나르도 다 빈치가 그린 〈모나리자〉입니다. 알 듯 모를 듯 신비한 미소, 베일에 싸인 모델의 정체뿐만 아니라 그림의 소장 과정에 얽힌 다양한 이야기들로 인해 세계적으로 가장 많은 관심을 받고 있는 작품이지요. '모나'는 이탈리아어로 결혼한 여자에게 붙이는 경칭이에요. 그러니까 작품명은 '리자 부인'이 된답니다.

　작품의 제작 과정에 대해 알려진 것이 거의 없어서 세계에서 가장 유명한 이 초상화(사람의 얼굴을 중심으로 그린 그림)의 모델이 누구인지는 확실하지 않아요. 하지만 여러 자료를 토대로 당시 피렌체에서 크게 성공한 상인 조콘도의 아내일 것이라고 짐작하고 있습니다.

　사실 〈모나리자〉에 대한 세계적 관심은 단순한 호기심 때문이라기보다는 이 그림이 이탈리아 르네상스 그림의 진수를 보여 주기 때문이에요. 차근차근 살펴볼까요?

　다 빈치는 모나리자의 양 팔꿈치에서 시작된 선이 머리 뒤에 집중되는 원근법을 사용하고 있어요. 삼각형 구도를 활용한 것이지요. 그리고 그동안 화가들이 인물의 정면 초상화를 그려 온 것에 비해, 다 빈치는 이 작

〈모나리자〉, 레오나르도 다 빈치,
1503~1506년, 옥판에 유화, 77×53cm, 파리 루브르 박물관

<모나리자>의 부분

품에서 인물이 왼쪽 팔을 의자 팔걸이에 기댄 자연스럽고 편안한 자세의 측면 초상화를 그렸답니다. 이렇게 몸의 무게를 한쪽 팔이나 한쪽 다리에 싣고 다른 한쪽은 편안히 놓은 자세를 '콘트라포스토'라고 합니다.

이제 모나리자의 손을 한번 보세요. 그녀의 손을 보면 다 빈치가 해부학에 대해 얼마나 정확한 지식을 갖고 있었는지 알 수 있어요. 그는 한때 인체의 구조를 연구하기 위해 병원에서 30구 이상의 시체를 해부했다고 해요.

다 빈치 이전의 화가들이 윤곽선을 강조한 그림을 그렸다면, 다 빈치는 <모나리자>에서 빛과 어둠, 그림자를 통해 대상을 표현하는 명암법을 사용하여 인물의 형태를 그렸어요. 그리고 윤곽선을 경계선 없이 흐릿하게 만들어서 형태를 자연스럽게 드러내고 있지요. 이것을 '스푸마토 기법'이라고 합니다. 또한 이 그림은 템페라(안료와 계란 같은 용매를 섞은 물감) 대신 당시에 새로 발명된 재료인 유화 물감(기름으로 섞어 쓰는 물감)으로 그려졌어요.

안개에 싸인 듯 흐릿하고 신비한 분위기는 모나리자의 몸뿐만 아니라 배경에서도 느낄 수 있는데, 이것은 선 원근법이 아닌 공기 원근법을 사용했기 때문이에요. 선 원근법이 사물들의 거리를 기하학적 구성의 계산으로 배치하는 공간 연출법이라면, 공기 원근법은 사용하는 색채의 밝기를 조절해서 공간감을 나타내는 방법입니다. 이처럼 서양 미술사에 있어

⟨모나리자⟩의 가치는 여러 새로운 기법의 탄생에 있기도 합니다.

⟨모나리자⟩의 특이한 점을 하나 더 얘기하자면, 이 작품은 액자에 넣어 벽에 걸 목적으로 그려진 최초의 그림이라는 것입니다. 이전의 그림들은 벽화로 그려지거나 주로 고정된 나무 패널에 그려졌기 때문에 따로 액자를 제작하지 않았거든요.

이렇게 탄생한 명작 ⟨모나리자⟩는 당대와 후대의 많은 화가들에게 큰 영향을 주었는데, 정작 다 빈치는 자신의 손이 본인의 상상력에 미치지 못한다고 자책했다고 해요. 천재의 완벽주의를 누가 말리겠어요.

다 빈치는 말년에 프랑스 국왕 프랑수아 1세의 초청으로 프랑스로 이주해 갑니다. 그는 프랑스에 ⟨모나리자⟩를 가지고 갔는데, 세상을 떠나기 전에 왕에게 팔았어요. 그런데 우연인지 몰라도, 한참 부흥기를 맞고 있던 이탈리아의 르네상스는 이 시점을 기해 서서히 힘을 잃어 갑니다. 반대로 프랑스의 예술은 점점 부흥기를 맞게 되고 오늘날까지 예술의 나라로 불리고 있고요.

그래서 그랬을까요? 1911년에 이탈리아의 명화 ⟨모나리자⟩가 프랑스의 루브르 박물관에 걸려 있는 것에 불만을 품은 이탈리아 출신 노동자가 박물관에서 그림을 훔쳐 고국으로 가져가는 사건이 벌어졌어요. 하지만 2년 후 ⟨모나리자⟩는 다시 프랑스에 되돌려졌답니다.

⟨모나리자⟩의 부분

<다윗>, 미켈란젤로 부오나로티, 1501~1504년, 대리석, 높이 434cm, 피렌체 아카데미아 미술관

골리앗을 쓰러뜨린 양치기 소년, 다윗

미켈란젤로 부오나로티 〈다윗〉

소년의 매서운 눈동자가 적을 응시하고 있어요. 거대한 몸에 갑옷으로 중무장한 골리앗을 한번에 넘어뜨리기 위해 적의 급소를 찾는 중입니다. 굳게 다문 입술에서 단호함이 엿보이고, 두 손은 마치 핏줄이 터져 나올 듯 팽팽한 긴장감이 흐르지요.

다윗은 아직 여물지 않은 소년의 몸으로, 갑옷을 입지도 않았고 방패나 창을 가지고 있지도 않아요. 아무리 생각해도 양치기 소년 다윗과 거인 골리앗은 싸움의 적수가 되지 못할 것만 같습니다. 그럼에도 지금 다윗의 저 눈빛을 보면 전혀 기죽은 기색이 없어요. 오히려 눈빛으로 적을 압도할 것 같습니다.

이 대결의 결말은 어찌 되었을까요? 성서를 읽은 친구라면 알고 있을 거예요. 맞습니다. 단지 돌멩이 다섯 개와 무릿매(작은 돌을 끈에 맨 후 끈의 양 끝을 잡고 휘두르다가 한쪽 끝을 놓아 돌을 멀리 던지는 팔매) 끈만 가지고 있던 다윗은 무릿매질을 하며 골리앗의 이마를 적중시킵니다. 그러고는 쓰러진 골리앗의 칼을 빼앗아 그의 목을 베어 위기에 처한 이스라엘을 구하게 됩니다.

성서 속 다윗 이야기는 미켈란젤로 이전에도 이후에도 많은 예술가들의 작품 소재가 되었습니다. 양치기 소년이 무장한 거인 장수를 이기고 나라를 구했다는 이야기는 무척 극적이고 멋있으니까요. 다윗을 소재로 작품을 주문하는 사람들 중에는 정치가들이 많았는데, 예술 작품을 통해 국민들에게 애국심을 심어 주기 위해서였답니다.

예술가들은 각자 나름의 방식대로 다윗을 그리거나 조각했어요. 대부분의 예술가들은 승자인 다윗이 골리앗의 머리를 발로 밟고 있는 여유 있는 모습을 주로 표현했어요. 하지만 미켈란젤로는 다윗이 무릿매 끈을 어깨에 얹고 한손에는 돌멩이를 들고서 적의 급소를 노리는 팽팽한 긴장의 상태를 표현했답니다.

〈다윗〉의 부분

또 작품마다 다윗의 눈 각도도 모두 달라요. 사람의 눈은 아주 많은 이야기를 하지요. 다윗이 고개를 숙이고 아래를 보느냐, 고개를 들어 정면을 똑바로 보느냐에 따라 작품의 분위기가 완전히 달라지게 됩니다. 다윗을 표현한 작품들이 많지만 미켈란젤로의 〈다윗〉 조각이 훌륭한 것은 눈의 표현이 압권이기 때문이에요. 조각상의 차가운 눈이 아니라, 적을 꿰뚫는 마음의 눈이거든요. 이 작품을 직접 보는 사람은 다윗의 눈빛에 제압을 당할 정도지요.

사실 미켈란젤로의 〈다윗〉은 몸의 아름다움을 과장한 작품임에는 틀

림없어요. 근육이 지나치게 이상적으로 표현되었거든요. 손을 보더라도 어깨에 올린 왼손과 허벅지에 내려뜨린 오른손이 몸에 비해 크고 긴 편입니다. 그리고 오른쪽 다리에 중심을 싣고 왼쪽 다리에 힘을 빼는 자세의 '콘트라포스토'를 하고 있어요.

　다윗의 손 크기를 과장하고 오른쪽 다리에 무게를 싣는 동작의 표현은 사실 치밀하게 계획된 것이랍니다. 이 작품은 현재 피렌체 아카데미아 미술관에 소장되어 있지만, 피렌체 시청이 미켈란젤로에게 주문할 당시만 해도 피렌체 대성당의 지붕 위에 설치할 계획이었다고 해요. 조각을 거대한 성당 건물의 지붕 위에 설치하면 시민들이 땅에서 높은 지붕 위를 올려다봐야겠죠? 미켈란젤로는 설치된 조각을 바라보는 시선의 각도 등을 계산하여 그에 맞는 조각을 만드느라 신체 비율을 조금 과장한 거랍니다.

　4m가 넘는 조각을 만들면서 이처럼 치밀하고 섬세하게 표현한 미켈란젤로에게 감탄하지 않을 수 없네요.

<다윗>의 부분

<아테네 학당>,
라파엘로 산치오,
1509~1511년경, 프레스코,
바티칸 궁전 서영의 방

그림이 철학을 말해요

라파엘로 산치오 〈아테네 학당〉

    벽면 곳곳에 고대 그리스의 위대한 철학자들이 그려져 있습니다. 16세기 초 이탈리아 르네상스 시대에는 고대의 지식과 문명에 바탕을 둔 인문주의가 발달하고 있었어요. 따라서 미술에서도 신학, 철학, 예술, 법 등의 주제가 자연스럽게 다루어졌답니다.

   먼저 벽화의 중앙을 보세요. 객관적인 관념론의 창시자 플라톤과 서양 지성사의 아버지로 불리는 아리스토텔레스가 대화를 나누며 걸어 나오고 있어요. 중앙에 플라톤과 아리스토텔레스를 그린 것은 서양 철학에서 두 철학자가 펼친 사상의 영향력이 절대적으로 크기 때문입니다. 플라톤은 왼손에 자신의 주장을 담은 저서를 들고 있고, 오른손 손가락은 하늘을 가리키고 있어요. 만물의 근원은 정신적인 것이라며 관념 세계인 '이데아'를 주장하는 손동작입니다. 아리스토텔레스도 자신의 저서 〈니코마코스 윤리학〉을 왼손에 들고 있고, 오른손은 자연 세계의 진리와 탐구를 주장하듯 땅을 향하고 있어요.

   다른 철학자들도 찾아볼까요? 플라톤의 옆에서 사람들에게 열심히 이야기하는 사람이 보이나요? 플라톤의 스승으로 "너 자신을 알라."라는 유명한 말을 남긴 소크라테스입니다. 그리고 계단에 기대 앉아 종이에 쓰인 글을 읽는 사람이 보이지요? 그는 문명과 관습을 거부하는 원시적인 자유를 주장한 디오게네스입니다. 그 옆에 턱에 손을 괴고 글을 쓰고 있는 보라색 옷의 인물은 "만물의 근원은 불이다."라고 주장한 헤라클레이토스입니다. 헤라클레이토스 옆에서 사람들에 둘러싸여 책에 무언가를 적는 사람은 수학자 피타고라스고요.

이제 화면 오른쪽을 보세요. 허리를 구부린 채 컴퍼스로 흑판에 무언가를 그리는 사람은 수학자 유클리드입니다. 황금색 옷을 입고 지구의를 들고 있는 뒷모습은 "지구가 우주의 중심"이라고 말한 프톨레마이오스, 그 앞에 천구를 들고 있는 하얀 옷의 인물은 조로아스터교의 창시자 조로아스터랍니다. 그리고 바로 그 옆에서 얼굴만 쏙 내밀어 우리를 쳐다보고 있는 검은 모자를 쓴 사람이 이 그림을 그린 화가 라파엘로지요.

라파엘로는 위대한 사상가들의 모습을 표현하면서 자신이 존경하는 사람의 얼굴을 모델로 그렸어요. 플라톤은 다 빈치의 얼굴, 유클리드는 건축가 브라만테의 얼굴, 헤라클레이토스는 미켈란젤로의 얼굴을 모델로 그린 거랍니다.

<여름>, 주세페 아르침볼도, 1573년, 캔버스에 유화, 76×64cm, 파리 루브르 박물관

달콤한 과일이 된 청년

주세페 아르침볼도 〈여름〉

언뜻 보면 사람의 옆모습 같은데, 자세히 보니 온통 과일과 야채, 곡식이네요. 이 그림은 초상화일까요, 정물화일까요? 어쨌든 상상력이 돋보이는 독특하고 신기한 그림이에요. 이렇게 재미있는 그림을 그린 화가 아르침볼도는 넘치는 상상력과 섬세한 솜씨를 가진 예술가였음에 틀림없어요.

그림의 제목이 〈여름〉인 만큼 아르침볼도는 여름의 과일과 야채로만 얼굴을 표현했어요. 머리에는 멜론으로 모자를 썼네요. 탐스런 머리카락은 잘 익은 서양 자두, 산딸기, 체리, 포도로 이루어져 있어요. 그림을 감상하다 보니 입안에 침이 고이네요.

얼굴을 보면 오이는 오똑한 코가 되었고, 복숭아는 발그레한 뺨이 되었어요. 씩 웃으며 드러나는 치아는 강낭콩이고 턱은 서양배입니다. 강렬하게 빛나는 눈동자는 자줏빛 체리, 그 위 둥근 눈썹은 밀이에요. 또 얼굴 윤곽선을 따라 마늘도 있군요.

입고 있는 옷은 어떤가요? 목에 깃을 한껏 세운 멋진 황금색 옷은 짚과 밀 이삭으로 되어 있어요. 그런데 가슴에서 식물이 자라고 있네요.

바로 아티초크입니다. 서양에서 많이 먹는 야채로, 초콜릿처럼 긴장감을 이완시켜 기분이 좋아지는 효과가 있다고 해요. 옷의 목 부분에 아르침볼도가 자신의 이름을 써 넣은 것이 보여요. 아마 화가도 자신이 그린 그림에 매우 만족했던 모양입니다. 여러분이 봐도 화가의 기발한 아이디어와 훌륭하고 꼼꼼한 솜씨, 남다른 집중력과 관찰력을 짐작할 수 있을 거예요.

그런데 이 초상화는 소년일까요, 청년일까요? 아니면 그보다 더 나이 많은 장년일까요? 정답은 '청년'입니다. 여름의 뜨거운 햇살 아래서 과일과 야채 그리고 곡식이 잘 익어 가듯이 인간의 삶 중에 가장 씩씩한 열정을 가진 청년을 표현한 그림이에요.

아르침볼도는 사람의 일생을 계절과 연관지어 표현하고자 했어요. 〈여

〈봄〉, 주세페 아르침볼도,
1573년, 캔버스에 유화,
76×64cm, 파리 루브르 박물관

〈가을〉, 주세페 아르침볼도,
1573년, 캔버스에 유화,
76×64cm, 파리 루브르 박물관

름〉은 그 '사계절' 연작 가운데 하나입니다. 그는 다른 세 계절도 그렸지요. 여러분처럼 한창 호기심 많은 싱그러운 소년을 상징하는 〈봄〉은 봄에 피고 자라는 다양한 꽃들로 표현했고, 인자하고 지혜가 깊은 중년을 상징하는 〈가을〉은 잘 익은 호박, 포도, 수수 같은 가을의 수확물들로 표현했어요. 그리고 힘과 생기가 많이 사라진 노인을 상징하는 〈겨울〉은 잎사귀가 떨어진 메마른 나뭇가지들과 담쟁이덩굴로 표현했답니다.

아르침볼도는 16세기 유럽 프라하(지금 체코의 수도)의 궁에서 활동한 궁정 화가였어요. 페르디난드 1세, 막시밀리안 2세, 루돌프 2세, 이렇게 3대에 걸친 왕들을 모셨지요. 아르침볼도의 재미있는 초상화는 왕들을 매우 즐겁게 했다고 해요.

〈여름〉에 멜론 모자가 그려진 것처럼 다른 그림에도 그 계절의 모자가 그려져 있어요. 모자는 왕관을 뜻해요. 왕이 통치를 잘해서 백성들이 곡식과 과일, 야채를 풍성하게 거두어 배불리 먹을 수 있기를 바라고, 그리하여 왕이 백성들의 존경과 사랑을 받기를 바라는 마음이 사계절 연작에 표현되어 있답니다.

〈겨울〉, 주세페 아르침볼도,
1573년, 캔버스에 유화,
76×64cm, 파리 루브르 박물관

2장 다양한 명화의 즐거움

서민의 삶부터
왕의 삶까지,
모두가 그림이다

르네상스 시대 이후 서양 미술사에 일어난 가장 큰 변화 중 하나라면 오랫동안 신에게 집중되었던 예술의 주제가 서서히 당시의 사람들에게로 옮겨진 것이라고 할 수 있어요. 화가들이 자신과 함께 살아가는 사람들, 자신이 만나는 사람들의 삶의 모습을 그리게 된 거지요. 성서나 신화 속의 인물이 아닌 평범한 사람들의 삶도 예술의 훌륭한 소재가 될 수 있다고 생각한 것은 엄청난 변화였답니다.

소박한 서민의 삶부터 화려한 왕의 삶까지, 화가들은 그림을 통해 다양한 삶의 모습들을 보여 주었어요. 그럼 지금부터 그림 속 삶의 현장으로 들어가 볼까요?

<시골의 결혼식>,
피터르 브뤼헐,
1568년,
캔버스에 유화,
114×164㎝,
빈 미술사 박물관

결혼식에 놀러 오세요

피터르 브뤼헐 〈시골의 결혼식〉

오늘 결혼식이 있네요. 축하해 주러 온 손님들이 많아서 앉을 자리도 없습니다. 결혼을 내 일처럼 기뻐해 주는 것을 보니, 신랑과 신부, 그리고 그들의 부모님이 사람들에게 인심을 잃지 않고 살았나 봅니다.

그림을 자세히 보면 초대받아 온 손님들이 나서서 자기 일처럼 도와주고 있어요. 그림 앞쪽에서 두 남자가 음식을 나르고 있네요. 앞에 있는 남자의 녹색 모자에 숟가락이 꽂혀 있어요. 수프 한 그릇 먹을 새도 없이 바빠서 오며 가며 먹을 모양인가 봅니다. 그들 사이에 있는 빨간 모자를 쓴 남자는 음식이 오자 식탁으로 옮기고 있어요. 즐거운 잔치에 술이 빠질 수 없겠지요? 화면 왼쪽에서 한 남자가 손님들이 마실 술을 옮겨 붓고 있어요. 입구 쪽에는 손님을 안내하는 사람도 보여요. 누구도 싫은 얼굴빛이 아니고 열심히 도와주고 있네요.

잔치가 열리는 장소는 곡식 창고입니다. 가득 쌓인 곡식을 보니 올해는 풍년이었나 봅니다. 결혼을 앞둔 집에서는 어느 해보다 더 정성껏 농사를 지었을 거예요. 풍년이 들어야 술도 빚고, 돼지도 잡고, 온갖 음식을 더 풍족하게 준비하여 결혼식을 성대하게 치를 수 있을 테니까요.

아, 가득 쌓아 놓은 짚단이 벽이 되었네요. 벽에는 풍년을 기원하는 풍습인 듯 밀짚이 X자로 걸려 있어요. 그 옆에 녹색 천으로 휘장이 쳐져 있고, 그 아래 붉은색 머리 장식을 한 새신부가 앉아 있어요. 신부의 의상과 휘장은 모두 녹색 계통입니다. 그리고 잔치에 참석한 사람들도 윗도리, 모자, 타이즈 등 어느 한 가지는 녹색이네요. 아마도 브뤼헐이 활동한 플랑드르에서는 경사로운 날 녹색 옷을 입는 전통이 있었던 것은 아닐까요?

그나저나 새신랑은 어디에 있나요? 신부 오른쪽 옆에서 음식을 먹고 있는 남자가 신랑이라는 얘기도 있는데, 여러분이 보기엔 어떤가요?

이 그림은 색의 조화가 참 아름답습니다. 색감도 곡식만큼이나 풍년이랄까요. 곡식 창고와 밀짚의 황금색 바탕에 녹색, 붉은색, 흰색 등이 산뜻하게 빛납니다. 또 햇빛 아래 그을린 시골 사람들의 건강한 얼굴도 빛나는군요. 봄부터 가을까지 열심히 일한 뒤에 편안한 마음으로 잔치를 즐기는 중이지요. 시골에서는 농사일이 바쁜 봄, 여름, 가을을 피해 결혼식 같은 행사를 잡는 것이 예의랍니다. 다행히 올해는 풍년도 들었겠다, 모인 사람들은 기분 좋게 음식을 먹고 있어요. 악기 연주로 잔치에 흥을 더해 주는 사람도 얼른 연주를 끝내고 음식을 먹고 싶은 눈빛입니다. 바닥에 주저앉아 접시까지 깨끗하게 핥아먹는 빨간 모자 쓴 아이도, 탁자 밑에서 얼굴을 내민 양도 풍성하게 즐기는 잔치네요.

그런데 그림 오른쪽 구석에 앉은 마을의 경비대장과 수도사는 무슨 얘기를 저렇게 진지하게 하고 있는 걸까요? 하여튼 구경거리가 많은 시골의 결혼식입니다.

17세기의 전 유럽, 루벤스의 그림에 빠지다

페테르 파울 루벤스 〈마리 드 메디시스와 앙리 4세의 만남〉

여러분은 루벤스라는 화가를 알고 있나요? 17세기를 바로크 시대라고 하는데, 바로크 미술은 곧 로마 가톨릭 미술 양식이고, 그 중심에 화가 루벤스가 있다고 할 수 있습니다. 루벤스는 17세기 유럽 전역에서 최고의 인기를 누린 플랑드르의 화가입니다. 그래서 화가로서의 명성과 함께 물질적 성공도 이루었어요. 루벤스 개인의 재능과 시대의 흐름이 그를 최고의 화가로 만들었다고 할 수 있지요.

독일에서 태어난 루벤스는 10세에 아버지의 나라 플랑드르로 가서 여러 화가들에게 그림을 배우게 됩니다. 그러나 그것에 만족할 수 없었던 루벤스는 더 수준 높은 미술 공부를 하기 위해 23세에 이탈리아로 유학을 갔습니다. 이탈리아는 서양 고전 문학과 미술의 나라답게 루벤스에게 많은 영감을 주었어요. 그는 이탈리아에 8년을 머물며, 고대 그리스 조각, 미켈란젤로, 라파엘로, 틴토레토, 티치아노, 카라바조의 그림 등 그야말로 전통적인 작품부터 당대의 그림까지 직접 보고 모사(똑같이 그리기)를 반복하며 실력을 키워 나갔어요.

자신의 나라 플랑드르를 비롯한 북유럽 미술에서는 대상의 다양한 질

〈마리 드 메디시스와 앙리 4세의 만남〉, 페테르 파울 루벤스, 1622~1625년, 캔버스에 유화, 394×295cm, 파리 루브르 박물관

감을 배웠어요. 예를 들어, 인물이 입고 있는 옷의 질감을 세부적으로 묘사하기 위한 정교한 붓질 같은 것이지요. 또 이탈리아가 속한 남유럽 미술에서는 그림에 원근법과 해부학을 도입하는 방법을 배웠습니다.

　루벤스는 이탈리아에서 공부를 끝내고 플랑드르로 돌아와 궁정 화가가 되었어요. 17세기 유럽은 로마를 중심으로 한 가톨릭(구교)의 부패에 반대하는 프로테스탄트(신교)의 종교 개혁으로 전쟁과 마찰이 끊이지 않아 어수선했습니다. 그럴수록 가톨릭은 더욱더 교회의 위상을 드러내기 위해 미술의 힘을 빌리게 되었는데, 특히 루벤스의 탁월한 그림 기법은 종교화를 표현하기에 가장 적절했어요. 루벤스는 북유럽 미술과 남유럽 미술의 특징을 결합하여 자신만의 개성적인 기법을 개발했는데, 거대하고 웅장한 규모, 탄탄한 구성, 극적인 내용 전개와 인물 표현 등 과장되고 화려한 것이 특징입니다. 게다가 그는 신화를 비롯하여 문학과 역사 공부를 많이 해서 학식과 교양이 풍부했지요.

　여러분은 《플랜더스의 개》라는 동화를 읽어 본 적이 있지요? 이 동화의 결말 부분을 보면, 화가를 꿈꾸던 가난한 소년 네로가 결국은 그렇게 보고 싶어 하던 성당의 그림 앞에서 자신의 개 파트라슈와 함께 숨을 거두고 맙니다. 네로가 눈을 감는 순간 본 그림들은 〈십자가를 세움〉과 〈십자가에서 내려지는 예수〉라는 그림인데, 바로 루벤스의 작품이랍니다.

　루벤스가 종교화만 그린 것은 아니에요. 루벤스는 여러 나라 말에 능통하고 궁정의 예법을 잘 아는 품위 있는 인물이었기 때문에 유럽 왕실에 호감을 주는 화가였어요.

〈십자가를 세움〉, 페테르 파울 루벤스,
1609~1610년, 패널에 유화, 460×340cm(중앙), 안트워프 대성당

〈십자가에서 내려지는 예수〉, 페테르 파울 루벤스,
1611~1614년, 패널에 유화, 421×311cm(중앙), 안트워프 대성당

그래서 영국과 에스파냐, 플랑드르와 네덜란드 사이의 평화를 위해 외교관 역할을 하기도 했지요. 그 과정에서 여러 왕들로부터 그림 주문을 받아내 뛰어난 사업 능력을 보이기도 했답니다.

〈마리 드 메디시스와 앙리 4세의 만남〉은 프랑스 왕 앙리 4세의 왕비인 마리 드 메디시스가 주문한 24점의 연작 가운데 하나예요. 루벤스는 부부의 일생을 담은 24점의 그림을 신화의 내용으로 표현했어요. 이 그림은 앙리와 마리의 '만남'을 보여 주고 있어요. 결혼의 신 히멘이 위에 있고, 붉은 천을 두른 신들의 지배자 제우스가 앙리이고, 제우스의 오른손을 잡고 혼인 서약을 하는 제우스의 아내 헤라가 마리입니다. 제우스는 자신의 상징물인 번개와 불을 쥐고 있고, 왼발 앞에는 상징 새인 독수리가 있어요. 헤라의 오른쪽에는 그녀의 상징물인 전차와 공작새가 있습니다. 프랑스 국왕 부부를 신들의 제왕 부부의 모습으로 표현한 웅장한 이 그림은 주문자 마리 드 메디시스를 만족시키기에 충분했지요.

루벤스만큼 왕과 귀족들의 취향을 잘 아는 화가도 드물었어요. 뿐만 아니라 루벤스는 거대한 규모의 연작 24점을 4년 만에 그려 주문 날짜를 맞추는 신뢰할 만한 화가였지요. 루벤스는 1640년 63세를 일기로 세상을 떠날 때까지 역사화, 종교화, 인물화 등 무려 3천여 점의 그림을 그렸어요. 어떻게 그런 일이 가능했을까요? 루벤스는 거대한 작업실을 마련해 전 유럽에서 밀려드는 작품 주문들을 솜씨 좋은 제자들과 조수들을 동원하여 마치 오늘날의 공장처럼 분업하여 그렸답니다.

〈마리 드 메디시스와 앙리 4세의 만남〉의 부분

루벤스의 다른 작품들

〈전쟁의 공포〉
1637~1638년경, 캔버스에 유화, 206×342㎝, 런던 내셔널 갤러리

〈파리스의 심판〉
1638년~1639년, 목판에 유화, 199×379㎝, 마드리드 프라도 미술관

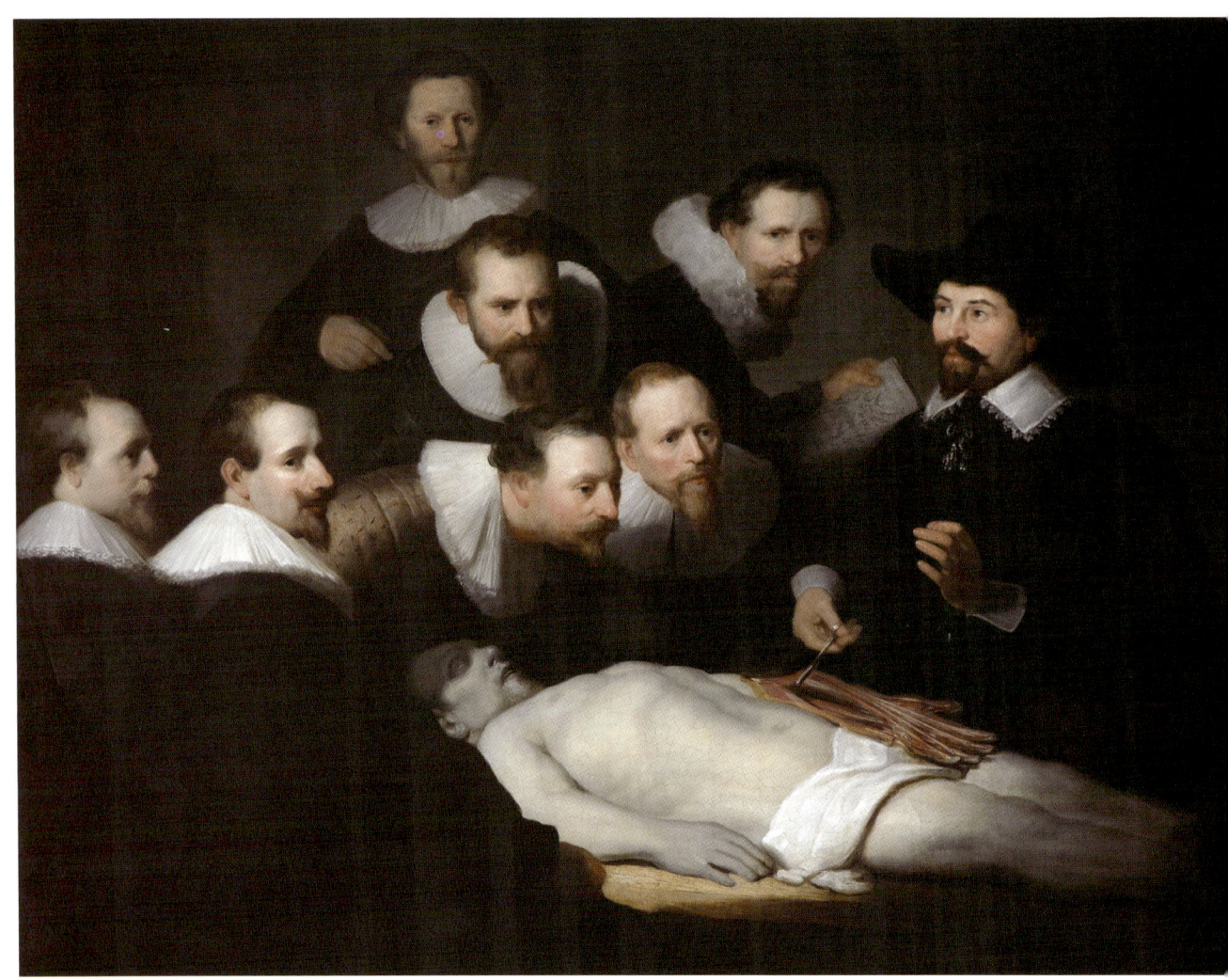

<니콜라스 툴프 박사의 해부학 강의>, 하르먼스 판 레인 렘브란트, 1632년, 캔버스에 유화, 169.5×216.5cm, 헤이그 마우리츠하위스 미술관

잘 보세요, 이 근육은 이 손가락들을 움직이게 합니다

하르먼스 판 레인 렘브란트 〈니콜라스 툴프 박사의 해부학 강의〉

어두운 방에서 검은 옷을 입은 남자들이 뭘 하고 있는 걸까요? 방 한가운데에는 조명을 받은 핏기 없는 시신 한 구가 누워 있어요. 검은 모자를 쓴 남자가 수술용 가위로 해부된 시신의 근육 조직을 들어올리며 근육의 쓰임을 설명하고 있습니다.

이 그림은 네덜란드 암스테르담 외과 의사 조합의 해부학 강의 장면입니다. 정부로부터 임명된 툴프 박사가 해부학 강의를 진행하고 있습니다. 툴프 박사는 해부를 여러 번 해서인지 여유가 있어요. 의사들은 진지한 태도로 박사의 설명을 들으며 시신과 멀리 있는 해부학 교재를 번갈아 보느라 눈이 바쁘게 움직입니다.

16세기 중엽 네덜란드에서는 공개된 해부학 강의가 있었는데, 처음에는 학문적인 목적이 강했지만 나중에는 일반인도 돈을 내면 구경할 수 있었어요. 해부용 시신은 죄인의 시신을 정부로부터 인도받은 것이지요.

17세기 종교 전쟁에서 승리해 에스파냐에서 독립한 네덜란드는 종교화, 역사화 같은 대작보다는 시민 계급의 초상화나 일상생활을 그린 풍속화가 발전했어요. 당시 네덜란드를 대표하는 화가가 바로 렘브란트입니다.

<시녀들>, 디에고 벨라스케스, 1656년, 캔버스에 유화, 318×276cm, 마드리드 프라도 미술관

그림의 비밀을 찾아서

디에고 벨라스케스 〈시녀들〉

그림에 많은 사람들이 등장하고 있어요. 왼편 끝에 붉은 십자가 문양이 수놓인 상의를 입은 사람을 보세요. 거대한 캔버스 앞에서 붓과 팔레트를 든 것을 보면 알 수 있듯이 그의 직업은 화가랍니다. 벨라스케스가 그림에 자신을 슬쩍 등장시킨 것이지요.

가운데에 있는 금발의 어린 여자아이는 에스파냐 왕실의 마르가리타 공주입니다. 그 옆에 어린 공주와 눈높이를 맞추기 위해 몸을 낮추고 공주에게 무언가를 권하는 시녀가 있어요. 또 다른 시녀도 공주에게 몸을 기울이고 있네요. 어린 공주의 좌우에 있는 시녀들은 공주보다 몇 살쯤 더 많아 보이고, 공주를 모시는 시녀답게 예쁜 옷과 장식으로 치장하고 있어요.

그리고 그 옆에 성인으로 보이는 키가 작은 난쟁이와 어린 남자아이가 있습니다. 이들은 공주를 위해 웃음을 선사하는 역할을 하는 것 같아요. 그들 앞에 앉아 있는 개는 남자아이가 발로 툭툭 건드리며 장난을 거는데도 아랑곳하지 않고 여유로운 분위기를 즐기고 있습니다. 이들 뒤로 조금 물러선 곳에 두 사람이 있고, 뒤쪽 계단에 또 한 사람이 있습니다.

이들은 왕과 왕비의 시녀이거나 시종인 것 같아요. 벨라스케스는 이 그림에 자신을 포함해 모두 9명의 사람들과 개 한 마리를 그렸습니다.

그런데 가만히 생각해 보세요. 공주의 시녀들이 공주를 따라다니며 세심하게 보살피는 것은 맞는데, 왕과 왕비의 시녀와 시종은 왜 이곳에 있을까요?

사실은 이 공간에 왕과 왕비도 함께 있습니다. 두 사람이 대체 어디에 있냐고요? 힌트를 줄까요? 화가의 시선, 마르가리타 공주의 시선, 난쟁이의 시선을 따라가 보세요. 이 세 명의 시선 끝에 왕과 왕비가 있답니다.

그래도 모르겠다고요? 그렇다면 공주의 뒤쪽에 있는 작은 액자를 보세요. 이 액자는 사실 그림이 아니라 거울입니다. 거울 속에 흐릿하게 비친 왕과 왕비가 보이지요? 그래요. 왕과 왕비는 이 그림 속 인물들의 맞은편 공간, 그러니까 우리 감상자들 편에 있답니다. 눈에는 보이지 않더라도 머릿속으로는 여러분 옆에 서 있는 왕과 왕비를 상상할 수 있을 거예요. 거울 속 왕과 왕비를 포함하면 이 그림의 등장인물은 모두 11명이군요.

상황은 이렇습니다. 화가가 왕과 왕비를

〈시녀들〉의 부분

모델로 세워 놓고 초상화를 그리고 있는데, 공주를 비롯한 많은 사람들이 왕과 왕비가 그림의 모델이 된 모습을 구경하고 있는 거지요. 공주와 시녀들이 그림 속의 주인공 같지만, 상황을 바꾸면 단지 구경꾼이랍니다.

화가가 그림 그리는 모습을 다시 화폭에 담은 재미있는 구성, 우리가 상황을 이해하는 순간 모델이 관찰자가 되는 아이디어, 거울과 화가의 시선을 통해 그림의 공간이 감상자의 공간까지 확대되는 것, 이 모두가 마치 추리 소설 같은 느낌을 주는 그림입니다.

벨라스케스는 정말 머리가 좋은 화가였던 것 같아요. 재치 넘치기도 하고요. 이처럼 그림은 화가의 감성 표현이 중심이 되는 것만이 아니라, 감상자들에게 지적 즐거움을 주기 위한 의도도 많습니다. 이제 그림을 볼 때 조금 더 유심히 살펴보세요. 화가가 벨라스케스처럼 여러분의 지적 능력을 시험할 수도 있으니까요.

벨라스케스는 에스파냐 미술사의 황금 시대로 불리는 17세기를 대표하는 궁정 화가입니다. 조금 생소한 이름일 수도 있지만, 여러분들이 알고 있는 유명한 인상주의 화가들 다수가 벨라스케스를 그림 스승으로 생각했을 만큼 대단한 영향력을 가진 화가였답니다.

<우유를 따르는 여인>, 요하네스 페르메이르, 1660~1661년, 캔버스에 유화, 45.5×41㎝, 암스테르담 국립 미술관

그녀에게 축복을

요하네스 페르메이르 〈우유를 따르는 여인〉

　이 그림을 보면 문득 어릴 적 식사를 준비하시던 어머니가 생각납니다. 늘 많은 일에 치여 고단하실 텐데도 가족을 위해 식사를 준비하시던 어머니의 모습 말입니다. 넉넉하지 않은 살림에도 언제나 정성껏 음식을 준비해서 식구들에게 꼭 밥을 먹여 아침을 시작하게끔 하셨거든요. 그때는 몰랐는데 요즘은 이런 그림을 보면 식사의 의미를 생각하게 됩니다.

　여러분의 식사 시간은 어떤가요? 아침은 안 먹어도 되니 조금 더 자겠다고 짜증을 내나요? 아니면 반찬이 입에 맞지 않는다고 투정을 부리나요? 우리는 누군가의 수고로 정성들여 준비된 음식들을 너무 당연하게 생각하는 것 같아요. 이제는 음식을 먹을 때마다 한 그릇에 담긴 만든 분의 수고와 재료들을 키운 많은 분들의 수고에 감사하는 마음으로 먹으면 좋겠습니다.

　자, 이제 그림 이야기를 해 볼까요? 부엌에서 우유를 따르는 여인이 있습니다. 식사를 준비 중인 모양인데 소매를 걷어 올린 모습을 보니 무언가 다른 일을 하다가 식사 준비를 하러 들어온 것 같아요.

낡고 허름해 보이는 여인의 옷차림과 굵은 팔뚝을 보니 매일 고단한 노동을 하는 사람임을 알 수 있어요.

여인의 옷차림은 볼품없지만 행동거지는 매우 단정합니다. 하얀 머릿수건은 한 올의 머리카락도 빠져나오지 않도록 머리를 깔끔하게 감싸고 있고, 두 손으로 조심스럽게 우유를 따르는 모습도 무척 차분해 보여요. 조심스럽고 진지해서 마치 중요한 의식을 치르는 것 같습니다. 그림 속 여인은 자신을 위한 식사를 준비할 수도 있고, 다른 식구들을 위해 식사를 준비할 수도 있습니다. 정성 가득한 마음으로 식사를 준비하는 모습에서 이 여인이 자신에게 주어진 일에 순응하며 최선을 다해 살고 있다는 것을 알 수 있습니다. 그녀의 마음도 그녀가 따르는 우유만큼이나 새하얀 빛깔일 것 같습니다.

그런데 여인을 한참 보고 있자니 안쓰러운 마음이 생기네요. 깨끗하지만 화장기 없는 얼굴에는 피곤함이 보이고, 우유를 따르는 모습은 기도하는 여인처럼 성스럽지만 팔뚝을 보니 집안일을 많이 한 듯 굵고 투박해 보이거든요.

또 그녀의 부엌을 보니 부잣집은 아닌 듯 살림살이가 많지 않아요. 끼닛거리도 바구니 안에 빵 한 덩어리와 식탁 위에 빵 몇 조각이 있을 뿐입니다. 매일 고된 일을 했을 여인을 위해 화려하고 품위 있게 장식된 식탁 위에 맛있고 신선한 고기, 과일, 포도주가 멋진 그릇에 가득 담기고 예쁜 꽃병도 있으면 좋겠는

〈우유를 따르는 여인〉의 부분

데, 여인에게 허락된 것은 너무나도 소박한 식사입니다.

그런데 왼편의 창문으로 그녀를 위한 축복의 선물인 양 밝은 햇살이 쏟아지네요. 온유한 햇살 속에 서 있는 그녀가 미사포를 쓴 수녀님처럼 성스럽고 단아해 보입니다. 따사로운 햇살 덕분에 그녀의 부엌은 따스한 곳이 되었어요. 비록 빵과 우유만이 지금 그녀가 가진 전부지만 그녀를 감싸는 밝은 빛이 위로의 손길로 어루만지는 것 같아요. 그녀에게 축복이 있기를 기도합니다.

이 그림은 네덜란드 화가 페르메이르의 작품입니다. 평범한 일상의 모습을 이렇게 성스럽게 느껴지도록 표현한 화가의 솜씨에 박수를 보내고 싶어요.

이 그림에 사용된 색깔들을 보세요. 여인의 윗옷은 노란색, 치마는 붉은색, 앞치마는 파란색을 썼어요. 노란색, 붉은색, 파란색이 빛과 조화를 이루며 빛과 색의 향연이 펼쳐지고 있는 것 같아요. 여인의 옷뿐만 아니라, 탁자 위의 빵은 황금색, 식탁 위의 수건은 파란색을 사용하여 자칫 밋밋할 수 있는 가난한 부엌을 산뜻하게 만들고 있어요.

공간 구성도 보세요. 왼쪽 창가 앞으로 살림살이와 인물이 몰려 있지만 전혀 어색하지 않아요. 여인 뒤의 텅 빈 벽과 묘하게 조화를 이루고 있습니다. 인물과 소품이 서로의 역할을 다하도록 과하지도 부족하지도 않게 구성

<우유를 따르는 여인>의 부분

되어 있습니다. 벽에 걸린 바구니와 금속 주전자, 탁자 위의 소품들, 바닥에 놓인 발난로, 우유를 따르는 고요한 동작의 여인이 마치 한 폭의 정물화처럼 느껴지기도 합니다.

   섬세한 구성과 묘사가 느껴지는 작품들을 주로 그린 화가 페르메이르에 대해서 알려진 이야기는 많지 않아요. 1632년 네덜란드의 도시 델프트에서 태어난 페르메이르는 15세 무렵에 그림을 배우기 시작하여 21세에 화가로 독립했어요. 카타리나 볼네스라는 여인과 결혼하여 15명의 자녀를 두었는데, 넷은 어려서 죽었다고 해요. 페르메이르는 인정받는 화가여서 작품이 비싼 값에 팔렸지만 작품 제작 속도가 느려 화가 일만으로 가족을 부양하기에는 어려움을 겪었어요. 페르메이르는 평생을 델프트에서 살았고, 43세에 심장 발작으로 사망했습니다.

   그는 〈음악 수업〉, 〈진주 귀고리 소녀〉, 〈포도주 마시는 여인〉 등 40여 점의 그림을 남겼는데, 소품 하나하나까지 세심하게 구성하였고, 옷의 원단까지도 알 수 있도록 정밀하게 묘사하였으며, 창문을 통해 들어오는 부드러운 빛을 표현하였습니다. 그리고 그의 그림에는 주로 실내를 배경으로 정적인 자세를 취하고 있는 여성이 등장하곤 한답니다.

페르메이르의 다른 작품들

〈포도주 마시는 여인〉

1660~1661년경, 캔버스에 유화, 65×77㎝, 베를린 달렘 미술관

〈음악 수업〉

1662~1663년경, 캔버스에 유화,
73.3×64.5㎝, 런던 내셔널 갤러리

〈진주 귀고리 소녀〉

1665년경, 캔버스에 유화, 44.5×39㎝,
헤이그 마우리츠하위스 미술관

<미델하르니스의 가로수 길>, 메인더르트 호베마, 1689년, 캔버스에 유화, 103.5×141cm, 런던 내셔널 갤러리

어디로든 갈 수 있는 길

메인더르트 호베마 〈미델하르니스의 가로수 길〉

어디로든 갈 수 있는 길이 있어요. 길가에는 키 큰 가로수가 줄지어 서 있네요. 아스팔트로 포장된 현대식 도로는 아니지만 이렇게 보여도 17세기 네덜란드에서는 마을의 발전을 위해 만들어진 최신식 길이에요. 인공적으로 조성된 길이라는 걸 어떻게 아느냐고요?

우선 길의 폭이 일정해요. 왼쪽과 오른쪽에도 길이 있는데 휘어지고 폭도 일정하지 않거든요. 또 다른 힌트는 가로수예요. 아무렇게나 자란 것이 아니라 정성들여 가꾼 나무들을 옮겨 심었어요. 길 오른쪽 밭에 나무를 가꾸는 사람의 모습이 보이나요? 길 양옆에는 인공 수로에서 물이 흐르고 있어요. 우측에 큰 방앗간이 있고, 그 앞에서 두 사람이 이야기하는 모습이 보여요. 가로수 길 끝에는 마을이 보이는데 지붕이 모두 붉은 것이 독특합니다. 이 길을 통해 저 마을로 많은 물건들이 들어오고 나갈 거예요. 때로는 승객들을 태운 마차가 먼지를 날리며 바삐 달리겠지요.

원근법을 극대화한 이 그림은 하늘이 많은 공간을 차지해서 시원해 보여요. 그런데 하늘의 뭉게구름과 나무 꼭대기에 있는 몽글한 나뭇잎이 닮았다는 생각이 드는군요. 여러분 생각은 어떤가요?

<그네>, 장 오노레 프라고나르, 1767년, 캔버스에 유화, 81×64cm, 런던 월리스 컬렉션

사랑은 그네를 타고

장 오노레 프라고나르 〈그네〉

　연분홍 꽃잎이 바람에 날리듯, 아리따운 여인이 그네를 타고 있네요. 떡갈나무에 그네를 맸는데, 수백 년은 되었을 커다란 떡갈나무는 조금의 흔들림도 없어 보여요. 그네를 타는 여인에게 조명을 비추듯 하늘에서 한 줄기 빛이 쏟아져요.

　이 그림에는 여인 말고 두 명의 남자가 더 등장합니다. 조금 나이가 있어 보이는 한 남자는 여인의 뒤, 떡갈나무 밑의 그늘진 벤치에 앉아서 그네를 밀고 있어요. 그리고 다른 젊은 남자는 그네 타는 여인의 앞쪽 덤불 사이에 반쯤 뒤로 누워 여인을 바라보고 있어요. 저 위치에서는 치마 속이 다 보일 텐데 점잖은 신사의 체면 따위는 아랑곳없이 너무도 당당하게 보고 있네요.

　언뜻 보면 세 사람은 삼각 관계로 보여요. 그런데 여인의 분홍 드레스 가슴에는 푸른색 꽃이 꽂혀 있고, 젊은 남자의 가슴에는 분홍색 꽃이 달려 있는 걸 보니, 이 둘이 연인 관계입니다. 이 그림의 다른 제목은 〈그네라는 행복한 사건〉입니다. 그네를 타는 애인의 치마가 바람에 펄럭이길 기다리는 남자의 마음에 일어난 행복한 사건이겠지요.

이 그림은 이름이 밝혀지지 않은 프랑스의 어느 남작이 주문한 그림이에요. 남작은 세 가지 조건을 달아 두와양이란 화가에게 그림을 주문했는데, 그 화가가 그림 그리기를 포기해서 프라고나르가 그리게 되었어요. 남작이 말한 세 가지 조건은 '자신의 애인이 그네 타는 모습을 그릴 것, 자신의 얼굴이 그네 타는 여인의 다리와 같은 높이에 오게 할 것, 그리고 성직자가 그네 미는 모습을 그릴 것'이었어요. 첫 번째와 두 번째 조건은 애인에게 줄 선물이니 당연하겠지만, 왜 굳이 성직자가 그네를 밀게 해 달라고 했을까 궁금하네요.

　그런데 프라고나르는 남작의 주문과는 달리 그네 미는 사람을 성직자인지 시종인지 모호하게 묘사했어요. 그림 속의 그네 미는 남자는 우거진 덤불 탓에 그 사이에 있는 젊은 남자를 못 보고 있는 것 같기도 해요.

　떡갈나무와 주위의 우거진 수풀 때문에 배경이 깊은 숲속으로 보일 수도 있어요. 하지만 사실, 그림의 배경은 18세기 귀족들의 호사스러운 정원입니다. 당시 귀족들은 정원을 가꾸는 취미가 있었어요. 우리가 흔히 생각하는 집 앞의 작은 정원이 아니라, 최대한 자연을 모방한 커다란 정원을 가꾸었지요. 이러한 정원 양식은 '영국식 정원' 또는 '풍경 정원'으로 불렸어요. 귀족들은 커다란 정원에서 바로 이 그림 속 연인들처럼 데이트를 즐겼답니다.

　귀족들은 부와 명예를 나타내는 정원을 자랑하고 싶어서 자신의 정원을 배경으로한 그림을 화가에게 주문하기도 했어요. 이 그림을 주문한 남작도 자신의 정원을 보여 주어 애인의 환심을 사려 했나 봅니다.

<그네>의 부분

이 그림에서 또 한 가지 재미있는 것은 공중으로 날아가는 분홍 슬리퍼예요. 여인의 발에서 우연히 쏙 빠진 걸까요? 아니면 여인이 일부러 애인을 유혹하려고 슬쩍 날렸을까요? 슬리퍼가 날아간 다음 순간에 과연 어떤 일이 벌어졌을까 궁금해져요.

한창 사랑에 빠진 두 사람을 둘러싸고 많은 시선들이 느껴집니다. 젊은 남자 뒤에 있는 에로스 조각상은 두 연인을 향해서 정말 사랑한다면 소란을 피우지 말라는 듯이 "쉿!" 하는 신호를 보내고 있어요. 어쩌면 에로스의 동작은 두 사람이 비밀 연애 중임을 암시하는 건지도 몰라요. 또 그네 미는 남자의 옆에 있는 조각상은 어딘지 모르게 두려움에 떠는 것 같네요.

18세기 프랑스에서 화려한 화풍의 연애 풍속화를 가장 많이 그린 화가 중 하나가 바로 프라고나르입니다. 프라고나르의 작품을 통해 당시 프랑스 귀족들의 연애 풍속 그리고 그들의 문화와 취향을 엿볼 수 있답니다.

<그네>의 부분

<발레 수업>, 에드가르 드가, 1873~1876년, 캔버스에 유화, 85×75cm, 파리 오르세 미술관

발레 수업 엿보기

에드가르 드가 〈발레 수업〉

　한 무리의 어린 소녀들이 발레 수업을 받고 있어요. 발레 선생님은 나이 지긋한 남자 선생님이네요. 이 사람은 쥘 페로 선생님인데, 드가의 다른 그림에도 종종 등장해요. 한결같이 깐깐한 표정으로 무언가를 지적하는 모습으로 보아 아주 무서운 선생님인가 봐요.

　선생님 앞에서 발레 동작을 취해 보이는 발레리나도 있고, 자기 차례를 기다리면서 친구와 소곤거리는 발레리나도 있어요. 왼쪽 피아노 위에 앉아 있는 노란 리본을 맨 발레리나는 수업이 지루한지 등을 긁는 것처럼 보이지 않나요? 누가 데려왔는지 귀여운 강아지 한 마리도 보여요. 이렇게 다양한 동작을 취하고 있는 여러 인물들은 화가가 한 순간에 벌어진 장면을 포착하여 그렸음을 알 수 있게 해 줍니다.

　드가는 발레리나 그림을 많이 그렸어요. 그런데 아름다운 음악이 흐르고 밝은 조명이 비추는 무대 위에서 공연하는 모습이 아니라, 무대 뒤에서 피곤한 다리를 주무르거나 음악가의 연주에 동작을 맞추거나 발레복 매무새를 만지는 모습을 그렸어요. 드가는 완벽한 공연 모습보다 무대 뒤의 자연스러운 동작에 더 관심이 많았던 것 같습니다.

<물랭 드 라 갈레트의 무도회>, 피에르 오귀스트 르누아르, 1876년, 캔버스에 유화, 131×176cm, 파리 오르세 미술관

정원에서 열린 무도회

피에르 오귀스트 르누아르 〈물랭 드 라 갈레트의 무도회〉

　여기는 프랑스의 몽마르트 언덕 근처 정원이에요. 이곳에서 무도회가 열린다는 소문이 자자했던지 도시의 세련된 신사들과 숙녀들은 다 모인 것 같아요. 옷차림에 한껏 멋을 냈군요. 어쩌면 프랑스의 명절 같은 어떤 의미 있는 날을 맞아 진행된 행사인지도 모르겠어요.

　중앙에는 음악에 맞춰 춤을 추고 있는 사람들이 보이고, 앞쪽에는 한 무리의 사람들이 모여 앉아서 음료수를 마시며 이야기를 나누고 있어요. 흰 바탕에 파란 줄무늬 드레스를 입은 여인은 몽마르트 언덕 근처에 사는 잔느라는 그림 모델입니다. 잔느는 르누아르의 〈그네〉라는 작품의 모델이기도 한데, 오늘 여기에도 초대되었군요. 잔느의 어깨 위에 손을 얹은 여인은 그녀의 언니 에스텔입니다. 두 자매의 생김새와 분위기가 많이 닮았죠? 자매와 이야기를 나누는 사람들은 당시 활동하던 르누아르의 동료 화가들입니다.

　사람이 너무 많아서 춤을 추다가 실수로 남의 드레스를 밟을 수도 있으니 조심해야겠어요. 사이사이에 여러분 또래의 소녀도 보여요. 같이 온 부모님을 잃어버리지 않도록 정신 바짝 차려야 할 것 같네요.

〈물랭 드 라 갈레트의 무도회〉 이전에 르누아르가 이렇게 많은 사람들을 한 화면에 그린 적은 없었어요. 보통은 2~3명, 많으면 5명 정도가 등장하는 가족적인 분위기의 그림을 주로 그렸지요. 그런 그림에서는 사람들이 무엇을 하고 있고, 얼굴 표정이 어떤지 표현하는 데 집중했답니다. 그런데 이 그림에는 일일이 세기 힘들 정도로 많은 인물들이 그려져 있어요. 그래서 인물 각각의 섬세한 묘사보다는 전체적인 축제 분위기를 조화롭게 표현하는 데 집중했다는 것을 알 수 있어요.

이렇게 활기찬 야외 무도회의 즐거운 분위기를 표현하기 위해 르누아르는 몽마르트 언덕 근처에서 그림을 그렸어요. 그때나 지금이나 파리의 몽마르트 언덕은 많은 예술가들이 그림을 그리러 모여드는 곳입니다. 고흐, 피카소 등 많은 예술가들이 이곳에서 그림을 그렸답니다.

〈그네〉, 피에르 오귀스트 르누아르, 1876년, 캔버스에 유화, 92×73cm, 파리 오르세 미술관

그림 속 인물들 그 누구도 소외된 사람 없이 모두가 즐거운 것 같아요. 흥겨운 음악 소리와 사람들의 이야기 소리가 열린 공간의 분위기를 더욱 고조시키지만, 그렇다고 해서 정신없이 산만하거나 무질서하지는 않아요. 초록 잎사귀 무성한 나무가 시원한 그늘을 만들어 준 덕분인지 조금은 차분해 보인다고 할까요? 그늘 부분은 나뭇잎이 드리워져 만들어진 파란빛으로 넘치

고, 나뭇잎 사이로 들어온 점점의 햇살이 사람들에게 골고루 쏟아지고 있어요. 어떤 사람은 모자 위에, 어떤 사람은 신사복 위에, 어떤 사람은 드레스 위에 햇살이 무늬를 만들고 있네요. 마치 무대 위에서 춤추는 무희들을 위해 쏟아지는 아름다운 조명 같아요.

〈보트 파티에서의 오찬〉, 피에르 오귀스트 르누아르, 1881년, 캔버스에 유화, 130×175.6cm, 워싱턴 필립스 컬렉션

이렇게 많은 사람들이 모인 흥겨운 야외 무도회도 이제 곧 저 동그란 풍선 같은 가로등만을 남긴 채 끝이 나겠지요. 사람들이 떠나간 물랭 드 라 갈레트에는 고요가 찾아올 테고요.

르누아르는 이 작품을 그리고 나서 많은 사람들이 등장하는 그림에 자신감이 생겼는지, 나중에는 이 작품만큼 큰 〈보트 파티에서의 오찬〉을 그렸답니다. 이 그림의 주제는 즐거운 점심시간이고, 역시 르누아르의 친구들이 여럿 등장하지요.

<비 오는 날, 파리>, 귀스타브 카유보트, 1877년, 캔버스에 유화, 212×276cm, 시카고 아트 인스티튜트

도시에 비가 내리면

귀스타브 카유보트 〈비 오는 날, 파리〉

거리를 걷는 사람들이 우산을 쓰고 긴 코트를 입고 있어요. 맨 앞의 여인은 털이 달린 옷을 입고 있네요. 여인의 옷차림, 그리고 사람들이 손을 주머니에 넣은 것을 보니 추운 계절에 내리는 비인가 봅니다. 거리를 오고 가는 사람들의 옷차림은 세련되고 값비싸 보입니다.

거리는 모양과 크기가 비슷한 돌로 꼼꼼하게 포장되어 있어서 물웅덩이와 진창을 찾아볼 수 없을 만큼 깨끗해요. 건물이 매끈하고 도로가 반듯하게 정돈되어 있는 것을 보니 도시 계획을 통해 건설되었음을 알 수 있어요. 우뚝 선 가로등은 도시에 세련된 분위기를 한층 더하고 있네요.

도시화가 한참 진행 중인 19세기 프랑스 파리의 거리 풍경입니다. 화가는 자신이 살고 있는 파리가 멋지게 발전하는 모습이 뿌듯하여 그림에 담고 싶었던 것 같아요. 이 그림을 그린 화가 카유보트는 판사이자 사업가인 아버지를 둔 덕분에 파리의 상류층에 속했어요. 그는 〈대패질하는 사람들〉, 〈눈 내린 지붕 위의 풍경〉 등 풍속화와 풍경화를 주로 그렸지요. 또 카유보트는 그림도 잘 그렸지만 부자인데다 성품도 너그러워서 인상주의 화가들에 대한 후원도 아끼지 않았어요.

<폴리베르제르의 술집>, 에두아르 마네, 1881~1882년, 캔버스에 유화, 96×130㎝, 런던 코톨드 갤러리

누가 화가 앞에 있을까요?

에두아르 마네 〈폴리베르제르의 술집〉

'인상주의의 아버지', '근대 회화의 아버지'로 불리는 마네의 그림이에요. 마네는 새로운 화풍의 아버지로 불릴 만큼 후배 화가들에게 영웅적인 존재였지만, 평단으로부터는 악평을 받기도 했어요.

그림은 시끌벅적한 술집 안이에요. 중앙을 차지한 여종업원의 모습 뒤로 많은 사람들이 보여요. 이 술집은 높은 천장에 그네를 매어 곡예를 할 만큼 크고 화려한 곳입니다. 그림의 왼편 모서리 부분을 보면 녹색 신발을 신은 작은 두 발이 보이죠? 공중그네 곡예를 하는 사람의 다리예요.

이 그림을 자세히 보면 여종업원 뒤에 있는 사람들은 거울에 비친 모습임을 알 수 있어요. 여종업원과 손님들은 서로 반대편에 있는 것이지요. 그런데 거울에 비친 여종업원의 뒷모습과 그 앞에 서 있는 신사의 위치가 약간 어색하죠? 원근법을 무시하고 이렇게 표현한 화가의 의도가 무엇일까 궁금해지네요.

술집의 활기찬 분위기와는 달리, 여종업원은 무척 지쳐 보여요. 손님들에게는 즐거워도, 여종업원에게는 힘든 곳이겠지요. 이 그림을 그릴 당시 마네는 몸이 아팠는데, 이 작품을 끝으로 세상을 떠났습니다.

쉿, 그림에서 음악 소리가 들려요

피에르 오귀스트 르누아르 〈피아노 치는 소녀들〉

"언니, 나는 이 곡에서 이 부분이 특히 더 좋은 것 같아. 자, 들어 봐."

"아, 정말 아름답다. 그런데 너 그거 아니? 너는 피아노를 정말 잘 치는 것 같아."

피아노 소리와 함께 두 소녀의 정겨운 대화가 들리는 것 같습니다.

창문으로 들어온 부드러운 햇살이 흰 원피스를 입은 소녀의 금빛 머리카락과 등에서 반짝이고 있어요. 그리고 몸을 숙여 악보를 함께 보고 있는 분홍색 원피스를 입은 소녀의 오른 팔뚝에도 햇살이 살포시 내려앉았네요. 소녀들 뒤의 녹색 커튼과 피아노 위의 푸른색 꽃병이 흰색과 분홍색 원피스를 더욱 돋보이게 합니다.

커튼으로 반쯤 가려진, 작은 액자들이 걸려 있는 안쪽 벽을 보면 방이 꽤 넓어 보입니다. 만약 벽이 안쪽으로 쑥 들어가 있지 않았다면 두 소녀는 거실 중앙이 아닌 거실 구석 벽에 놓인 피아노를 치는 것으로 보였겠지요. 그러면 그림이 조금은 답답하게 느껴졌을 거예요.

프랑스 정부가 뤽상부르크 미술관에 전시할 그림을 요청해 오자 르누

〈피아노 치는 소녀들〉, 피에르 오귀스트 르누아르,
1892년, 캔버스에 유화, 116×90㎝, 파리 오르세 미술관

아르가 심혈을 기울여 그린 그림이 바로 〈피아노 치는 소녀들〉입니다. 나라에서 운영하는 미술관의 전시회를 열기 위해 그림 주문이 들어왔다는 것은 화가로서 매우 기분 좋은 일이에요. 또한 자신의 작품을 더 많은 사람들에게 알리기 위한 좋은 기회이기도 합니다. 르누아르는 그림을 주문받고 '어떻게 하면 나의 그림 스타일을 세상에 알릴까? 어떤 그림이 삶에 지친 사람들을 행복하게 해 줄 수 있을까?' 고민했을 겁니다.

〈피아노 치는 소녀들〉은 사랑스러움과 평화로움이 가득 느껴지도록 처음부터 세심하게 계획하여 그려진 그림이에요. 르누아르는 평소에 "그림은 아름다운 것이어야 한다."라고 말했던 화가입니다. 우리의 삶은 행복할 때도 있지만 지치고 힘들 때도 많잖아요? 그래서 르누아르는 고민이 가득한 그림, 슬픈 그림, 무거운 그림보다는 언제 보아도 아름답고 사랑스러운 그림이 많은 사람들을 행복하게 해 줄 거라고 생각했어요.

〈피아노 치는 소녀들〉은 같은 제목으로 캔버스에 5점, 그리고 파스텔 그림으로 1점, 모두 6작품이나 그려졌습니다. 르누아르는 색채를 다르게 사용하거나 배경을 다르게 표현하기도 했고, 재료도 다양하게 시도해 보았어요. 이처럼 화가들은 자신이 원하는 그림이 나올 때까지 많은 연구를 해요. 그림이 아름다울 수 있는 것은 이런 부단한 노력이 있기 때문입니다. 결국 명작이 탄생하기 위한 조건이란, 좋은 그림을 위해 더 많이 고민하고 연구하는 자세와 각고의 노력이라고 할 수 있어요.

르누아르가 그린 6점 가운데 최종적으로 전시회에 걸리고 팔린 작품은 여러분이 보고 있는 이 작품입니다. 이 그림이 최종 선택된 이유가 무엇인지 생각해 볼까요?

두 소녀의 얼굴에는 포동포동한 아기의 젖살이 그대로 남아 있어요. 얼굴 가득 분홍빛 홍조가 감돌고, 눈빛은 샘물처럼 맑습니다. 이처럼 소녀들의 얼굴에서 때 묻지 않은 순수함이 느껴져요. 또한 르누아르는 섬세하고 부드러운 붓놀림으로 밝고 온화한 느낌을 효과적으로 표현했어요. 소녀들의 피아노 선율에 사랑과 평화가 전해지도록 화가의 붓이 오케스트라를 연주하듯이 마법을 부린 것만 같아요. 그림은 아름다운 것이어야 한다는 르누아르의 평소 주장이 그대로 느껴지는 그림입니다.

아, 재미있는 사실 하나를 알려 줄까요? 이 그림 속 두 소녀는 르누아르의 다른 그림에도 거의 비슷한 모습으로 등장한답니다. 바로 〈독서 중〉이란 작품입니다. 두 소녀의 자세와 얼굴 표정이 비슷하고, 심지어 두 소녀의 원피스 색도 같아요. 누가 보아도 같은 소녀들임을 한눈에 알 수 있어요. 아마 르누아르가 평소에 이 두 소녀를 많이 예뻐했나 봐요. 르누아르는 그 어느 화가보다도 자신의 가족과 주위 사람들의 일상, 성실하고 평화롭게 살아가는 평범한 사람들을 많이 그린 화가입니다.

〈독서 중〉, 피에르 오귀스트 르누아르, 19세기 경, 캔버스에 유화, 55×65cm, 파리 루브르 박물관

3장 **사건이 남긴 명화**

화가, 신문을 보고
그림을 그리다

세상은 어찌 보면 평화로워 보입니다. 하지만 실상은 그렇지 않아요. 지금도 어느 곳에서는 국가와 국가, 집단과 집단이 대립하여 전쟁과 싸움이 벌어지고 크고 작은 사건과 사고로 사람들이 다치거나 목숨을 잃기도 합니다. 어떤 역사학자는 '세계사는 도전과 항전의 연속'이라고 말할 정도로 세상은 갈등과 대립 속에 있는 것 같아요.

미술사도 결국은 역사의 강을 따라 흐릅니다. 예술가들 역시 동시대에 벌어진 역사적인 사건을 접하고 가슴속이 꿈틀거리는 것은 당연한 일일 거예요. 어떤 화가들은 사건을 철저히 조사하여 그 상황을 객관적으로 그리고, 어떤 화가들은 그 상황에 놓인 인간의 갈등과 고뇌에 주목해요. 그리고 미술 작품 속에 자신의 생각을 반영시킨답니다.

자, 이제 그림으로 남은 역사의 사건 속으로 들어가 볼까요?

<1808년 5월 3일>, 프란시스코 고야, 1814년, 캔버스에 유화, 268×347cm, 마드리드 프라도 미술관

고야는 진정한 고발자인가?

프란시스코 고야 〈1808년 5월 3일〉

　세상이 곤히 잠들어 있어야 할 캄캄한 밤에 대체 무슨 일일까요? 총과 칼로 무장한 군인들이 한 줄로 늘어서서 시민들을 향해 총을 겨누고 있습니다. 몇 사람은 이미 총을 맞고 붉은 피를 흘리며 바닥에 쓰러져 있습니다. 그 옆에는 다음 차례를 기다리는 사람들이 두려움에 떨고 있어요. 시민들은 무기 하나 가지고 있지 않아요. 그들 중에는 심지어 수도사도 끼어 있어요.

　군인들은 두꺼운 코트를 입고 등에 침낭을 메고 있습니다. 시민들에게 장총을 사납게 겨누면서 옆에는 긴 칼까지 차고 있습니다. 얼굴이 보이지 않는 차가운 기계 같은 모습으로 표현된 군인들은 그림자마저 섬뜩하게 느껴지네요. 도대체 상대가 되지 않는 힘없는 시민들을 향해 군인들이 무슨 짓을 저지르고 있는 걸까요? 이 시민들을 구해 줄 사람은 어디에도 없는 걸까요?

　1808년 프랑스의 나폴레옹 군대가 에스파냐에 도착했을 때, 에스파냐 사람들은 내심 반갑게 생각했어요. 당시 에스파냐의 부르봉 왕조는 아들(페르난도 7세)이 아버지(카를로스 4세)를 강제로 왕의 자리에서 내쫓고 자신이 왕이 되는 등 혼란이 계속되고 있었지요. 부르봉 왕조에 반대하던 에스파냐 국민들은 프랑스군이 부르봉 왕조를 내쫓고 혁명이 일어나면 새로운 세상이 올 거라고 생각한 것입니다. 하지만 프랑스군은 에스파냐 국민들의 편이 아니었어요. 나폴레옹은 페르난도 7세를 쫓아내고 자신의 형 조제프 보나파르트를 왕위에 앉혔어요. 프랑스의 속내를 알게 된 에스파냐 사람들은 그들에 대항해 봉기를 일으켰습니다. 이 과정에서 프랑스 군인 몇 명이 죽자, 이에 대한 보복으로 프랑스군은 시민들을 마구잡이로 붙잡아 처형했어요.

고야는 1808년 5월 3일 에스파냐의 마드리드에서 일어난 프랑스군의 양민 학살 사건을 그림으로 표현하고 있어요. 저 멀리 어둠 속에 정부 건물과 교회 건물이 보여요. 시민들을 보호하고 도움을 줘야 할 그곳의 불이 꺼져 있네요. 칠흑 같은 어둠 속에서 군인들이 가져온 불빛은 곧 시민들을 저 세상으로 데려갈 공포의 불빛처럼 보여요. 두 팔을 올린 하얀 셔츠의 남자는 곧 총을 맞고 죽겠지요. 군인들이 밝힌 공포의 환한 불빛이

남자를 슬프게 비추고 있습니다. 어쩌면 저 남자는 "이 나라의 왕은 지금 어디에 있는가?" 하며 울부짖고 있는지도 모르겠어요.

프랑스가 에스파냐를 통치한 기간 동안 에스파냐 국민들의 저항은 꾸준히 계속되었고, 1814년 마침내 페르난도 7세가 다시 복위했어요. 그때서야 고야는 지난 1808년의 사건을 그리게 된 것입니다.

그렇다면 이 그림은 고야가 에스파냐 국민의 입장에서 조국의 아픔과 프랑스에 대한 분노를 표현한 것일까요? 그 부분에 대해서는 의견이 분분해요. 이 그림이 프랑스군에 의해 잔인하게 학살된 양민들을 그린 것은 맞지만, 고야는 프랑스의 지배 기간 중에도 궁정 화가로 충실하게 일했고, 프랑스군에 협력하기도 했던 것으로 알려져 있기 때문입니다.

화가가 어떤 입장과 어떤 생각을 가졌는가에 따라서 하나의 사건을 객관적인 그림으로 전달할 수도 있고, 다른 해석을 보태 그릴 수도 있어요. 그렇다면 이 사건을 바라보는 고야의 시선은 정직한 고발자의 눈이었을까요? 그 진실은 고야만이 알겠지만, 한편으로는 그림을 보는 우리의 몫이기도 합니다.

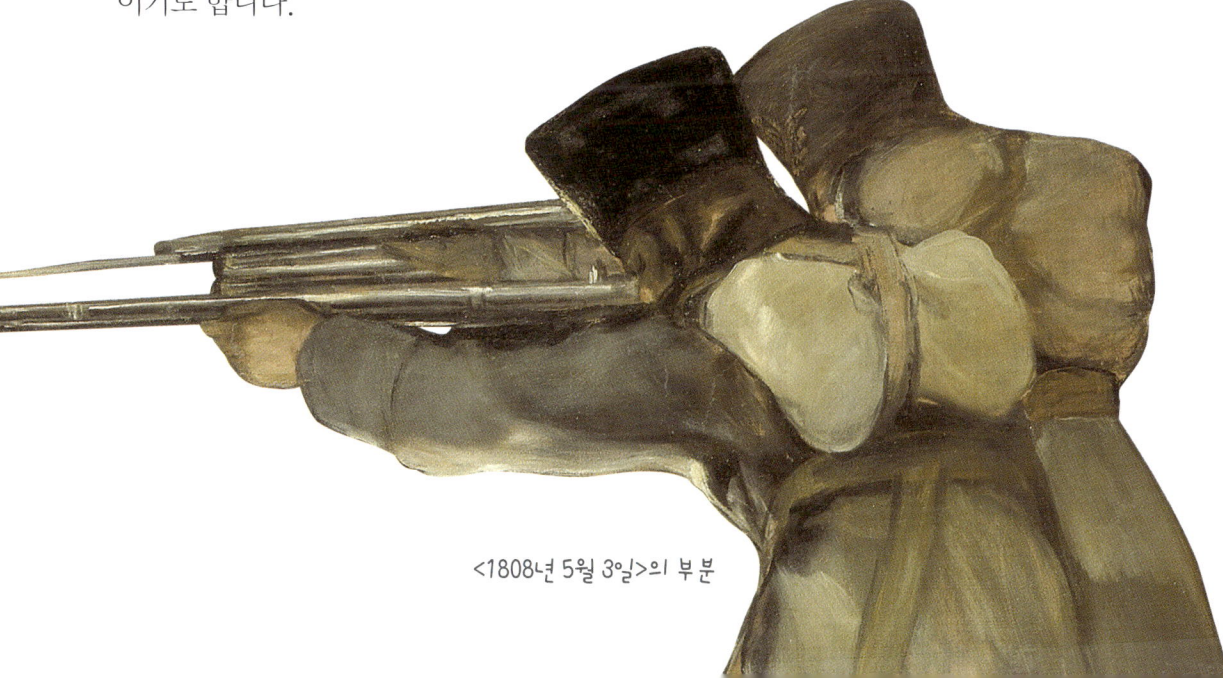

<1808년 5월 3일>의 부분

<메두사호의 뗏목>, 테오도르 제리코, 1816~1819년, 캔버스에 유화, 491×716cm, 파리 루브르 박물관

여기, 사람 있어요!
살려 주세요!
테오도르 제리코 〈메두사호의 뗏목〉

　성난 파도가 넘실대는 바다 한가운데 뗏목 위에서 사람들이 아우성치고 있어요. 그림을 보는 순간, 제발 살려 달라는 절박한 외침이 들리는 것 같습니다. 이 그림은 실제 일어났던 끔찍한 사건을 화가 제리코가 그린 것입니다.

　19세기 초, 프랑스는 영국을 비롯한 몇몇 강대국과 함께 아프리카 대륙의 여러 나라를 식민지로 만드는 데 힘을 쏟고 있었어요. 그리고 1816년, 프랑스가 세네갈을 식민지로 만들기 위해 군함 메두사호를 출항시키면서 비극은 시작되었어요.

　메두사호는 선원과 군인, 세네갈에 정착할 이주민 등 400여 명을 태우고 세네갈로 출항했습니다. 그런데 그만 거친 바다에서 난파하게 됩니다. 배가 서서히 바다 속으로 가라앉는 위급한 상황이 닥치자, 지휘관과 상급 선원 250여 명은 구명보트를 타고 탈출했어요. 그러나 나머지 하급 선원과 이주민 등은 뗏목을 급히 만들어 탈출하다가 바다에서 표류하게 됩니다. 지휘관과 상급 선원들이 자신들의 구명보트에 뗏목을 묶어 끌고 가기로 해놓고 비겁하게 도망친 것입니다.

끝없이 펼쳐진 바다 위에서 파도는 자꾸만 뗏목을 삼킬 듯 덮쳐 왔어요. 설상가상으로 급하게 만든 뗏목은 점점 부서지고 있었지요. 뜨거운 태양이 내리쬐는 뗏목 위에서 갈증과 굶주림, 죽음에 대한 공포에 내몰린 사람들은 점점 이성을 잃고 서로 싸우기 시작했어요. 굶주림과 광기에 휩싸인 사람들은 심지어 병들어 죽은 사람의 시신을 먹기까지 했어요. 12일 만에 가까스로 구조되었을 때는 150여 명 가운데 겨우 15명만이 살아 있었어요.

그런데 프랑스 정부는 국민들을 의식해서 이 사건을 숨기려 했어요. 정부가 임명한 무능한 지휘관이 부른 참사였기 때문이지요. 그러나 세상에 비밀은 없습니다. 사건의 생존자인 의사가 책을 출판하면서 이 참혹한 사건이 세상에 드러났어요.

이 비극적인 이야기를 알게 된 화가 제리코는 그림을 그리기로 마음먹었어요. 그래서 사건의 생존자들을 찾아가 당시의 처참했던 상황을 철저하게 조사했지요. 뗏목은 무엇으로 어떻게 만들었으며, 작은 뗏목 위에서 그 많은 사람들이 살아남기 위해 어떤 일들이 벌어졌는지 말이에요. 제리코는 광기 어린 행동과 눈빛, 우울증에 빠진 사람들의 행동을 관찰하기 위해 정신 병원에도 가고, 시체의 피부색을 살펴보기 위해 시체 안치소를 방문하기도 했어요. 또한 당시 사건과 인물들의 감정을 사실적으로 묘사하기 위해 뗏목 위의 상황을 여러 번 검증했지요.

그림을 보면 저 멀리 나타난 구조선에 마지막 생존의 희망을 걸고 울부짖는 아우성이 들리는 것 같습니다. 붉은 천과 흰 천을 흔들며 마지막 힘을 짜내 "살려 주세요! 여기 사람이 있어요!" 하고 외치고 있습니다. 저 멀리 지나가는 구조선이 뗏목을 발견하지 못한다면 남은 15명도 죽은 목숨이니까요.

아우성치는 사람들 반대편에는 체념한 표정의 노인이 있어요. 죽은 아들의 시신을 무릎 위에 눕힌 채 절망에 빠진 아버지입니다. 죽은 시신 몇 구는 뗏목에 아무렇게나 널려 있습니다. 뗏목은 서서히 부서지고 있어 성난 파도에 얼마나 더 버틸 수 있을지 모

<메두사호의 뗏목>의 부분

르겠어요. 설상가상으로 하늘에는 먹구름이 만들어지고 있습니다. 이 상황에 거센 비바람이라도 몰아친다면 뗏목은 더욱 위험에 빠지겠지요.

바다 밑으로 영영 숨겨졌을 사건, 인간의 욕심과 이기심이 만든 비극적인 사건을 제리코의 날카로운 눈과 정의로운 가슴, 그리고 열정적인 손이 그림으로 남겨 오늘날까지 전해지고 있습니다.

<인중을 이끄는 자유의 여신>, 외젠 들라크루아, 1830년, 캔버스에 유화, 260×325cm, 파리 루브르 박물관

시민들은 왜 화가 났는가?

외젠 들라크루아 〈민중을 이끄는 자유의 여신〉

분노에 찬 사람들이 눈을 크게 부릅뜨고 앞으로 돌격하고 있어요. 고전 작품에 우아한 모습으로 등장하던 여신이 오른손에는 깃발, 왼손에는 총을 들고 성난 군중들을 이끌고 있어요. 군중들이 따르는 이 여신은 바로 '자유'의 상징이지요. 이 그림은 1830년 7월 프랑스에서 일어난 혁명을 소재로 한 것입니다.

여신은 자유, 평등, 박애를 상징하는 파란색, 흰색, 붉은색의 삼색기를 들고 있어요. 1789년 프랑스 대혁명 당시 거리에서 펄럭이던 삼색기가 40여 년 후 또다시 등장한 것입니다.

루이 18세의 뒤를 이어 왕이 된 그의 동생 샤를 10세는 헌법으로 왕의 권력을 제한하는 입헌 군주제를 거부하고 절대 왕정의 부활을 도모했어요. 시민들은 프랑스 대혁명으로 얻은 자신들의 권리가 위태롭게 되자 불만이 폭발했고, 마침내 거리로 쏟아져 나와 싸우게 됩니다.

결국 샤를 10세는 영국으로 도망갔습니다. 시민들의 혁명이 성공한 것이지요. 들라크루아는 총과 칼을 들고 혁명에 참가하지는 못했지만, 그림을 통해 시민들과 함께했습니다.

<칼레의 시민들>, 오귀스트 로댕,
1884~1889년, 청동, 높이 201.7cm,
워싱턴 허시혼 미술관

이들은 영웅인가요? 죄인인가요?

오귀스트 로댕 〈칼레의 시민들〉

　14세기 영국과 프랑스의 백 년 전쟁 당시, 프랑스의 항구 도시 칼레는 영국군에 대항하여 1년을 버티다 항복을 하고 맙니다. 영국의 왕 에드워드 3세는 칼레 시민 전체를 살려 주는 대신 6명이 대표로 처형을 받으라는 조건을 내걸었어요. '누가 전체를 위해 목숨을 버릴 것인가?' 시민들은 혼란에 빠졌어요. 그때 칼레 시 최고의 부자 유스타슈 생 피에르가 제일 먼저 앞장섭니다. 그 뒤를 이어 법률가, 상인, 부유한 귀족들도 목숨을 바치겠다고 나섰어요. 그러나 처형 날, 임신한 왕비의 간청으로 에드워드 3세는 그 6명을 모두 살려 주었어요.

　1884년 칼레 시는 로댕에게 기념 작품을 의뢰했어요. 그런데 완성된 조각은 위풍당당한 영웅들의 모습이 아니라 절망과 두려움에 빠진 죄인들 같아 보여요. 모두를 대신해 희생을 결심한 의인들이지만 어찌 이들이라고 죽음이 두렵지 않았겠어요? 로댕은 의인들을 영웅으로 과장하여 표현한다면 정작 그들의 숭고한 정신이 가려질까 염려한 것입니다.

　이 작품은 틀 안에 청동을 녹여 부어 만든 조소입니다. 여러 번 찍어 낼 수 있지만, 로댕의 작품은 12개까지 진품으로 인정된다고 해요.

<전쟁>, 앙리 루소, 1894년, 캔버스에 유화, 114×195cm, 파리 오르세 미술관

평화의 땅에서 난폭하게 질주하는 말

앙리 루소 〈전쟁〉

달리는 검은 말 위에 올라탄 여인은 칼과 횃불을 들고 있어요. 아마도 전쟁의 여신이겠지요. 주위에는 불에 그을리고 부러져 생명을 잃은 나무 몇 그루가 있습니다. 바닥에는 마네킹 같은 시신들이 쌓여 있어 처참합니다. 까마귀들이 날아와 시신을 쪼아 댑니다. 마치 전쟁이 평화를 쪼아 대는 것 같아요. 파란 하늘과 붉은 구름에 대비되는 회색과 검은색의 땅에는 공포와 절망만이 보입니다.

이 그림은 미술 기법으로 봤을 때 여인의 칼을 쥔 손, 말에 올라탄 다리 모양 등 어색한 부분이 많아요. 이것은 루소가 정확하게 그릴 줄 몰라서가 아니라, 그에게는 전쟁의 폭력성과 상처를 잘 전달하는 것이 더 중요했기 때문에 이렇게 그린 것입니다.

루소는 전쟁과 혁명, 그리고 파리 코뮌까지 이념 갈등으로 얼룩진 시기의 프랑스에 살았습니다. 루소는 정규 미술 교육을 받은 적이 없어요. 그는 일요일마다 미술관의 작품을 보며 혼자 그림을 익혀 49세에 직장을 은퇴하고 전업 화가가 되었어요. 루소의 독창적인 그림 양식은 정규 미술 교육이 아닌, 창의적인 감각과 노력이 낳은 결과랍니다.

<게르니카>, 파블로 피카소, 1937년, 캔버스에 유화, 349.3×776.6cm, 마드리드 레이나 소피아 미술관

민간인에게 폭격하는 것은 절대 안 돼!

파블로 피카소 〈게르니카〉

흑백의 그림에서 고통과 슬픔의 울부짖음이 들리나요? 그림 왼쪽에 죽은 아기를 안고 절규하는 가엾은 어머니의 모습이 보입니다. 갑작스런 폭격에 어린 아기를 잃은 어머니는 비통한 마음을 어찌할 수 없어 하늘을 원망하듯 목놓아 울고 있습니다. 그 옆에는 에스파냐의 상징인 소가 짐승보다 더 짐승 같은 인간의 광기를 넋이 나간 채 바라보고 있습니다.

부러진 칼을 쥐고 쓰러져 있는 병사와 그 병사를 태우고 달렸을 말이 뒤엉켜 고통스러워하고 있어요. 이 그림에는 온전한 사람도, 온전한 짐승도 없습니다. 난폭한 인간의 만행 앞에서 온전한 게 있다면 그것이 더 이상하겠지요.

어둠 속에서 희미한 신음 소리를 찾아내려는 듯 작은 불빛을 켜 든 사람이 보이나요? 저항하듯 활활 타오르는 횃불이 아닙니다. 그저 바람 앞의 아슬아슬한 촛불입니다. 그 위에 램프가 하나 켜져 있네요. 램프는 마치 이 모든 상황을 지켜보는 눈인 것만 같습니다.

피카소는 어느 날 에스파냐의 도시 게르니카에 가해진 폭격 소식을 전해 들었어요. 이념의 대립 속에 죄 없는 많은 민간인이 처참하게 희생되었다는 소식에 격분하여 피카소는 이 그림을 그렸습니다. 당시 피카소는 고국 에스파냐의 혼란스러운 정세를 피해 프랑스에 머물고 있었어요. 하지만 늘 고국의 소식에 귀를 기울이고 있었지요.

1936년 좌파와 우파로 나뉘어 대립하면서 시작된 에스파냐 내전은 주변국인 소비에트 연방, 독일 나치, 이탈리아가 자신의 이익에 따라 각각 좌파와 우파를 지원하며 점점 불안한 상황이 되었습니다. 결국 1937년 4월, 우파인 프랑코파를 지원하던 독일 나치가 에스파냐의 게르니카를 폭격하여 죄 없는 1500여 명의 민간인이 희생됩니다.

조국이 위기에 빠졌을 때 화가들이 보이는 모습은 다 다릅니다. 붓을 놓고 총을 들어 전쟁터에 나가는 화가도 있고, 후방에서 그림을 통해 자신의 신념을 주장하는 화가도 있으며, 전쟁을 피해 먼 곳으로 피신하여 자신이 그리고 싶은 그림에 몰두하는 화가도 있습니다. 옳고 그름을 떠나 각자의 선택입니다. 확실한 것은 피카소가 택한 방식, 다시 말해 민간인에 대한 폭격에 분노하고 애도하는 그림을 그린 것은 매우 의미 있는 행동이라는 사실입니다. 많은 사람들이 〈게르니카〉를 보면서 전쟁에 대해 다시 생각하고 평화를 위한 노력에 힘을 쏟는 계기를 마련하기 때문입니다.

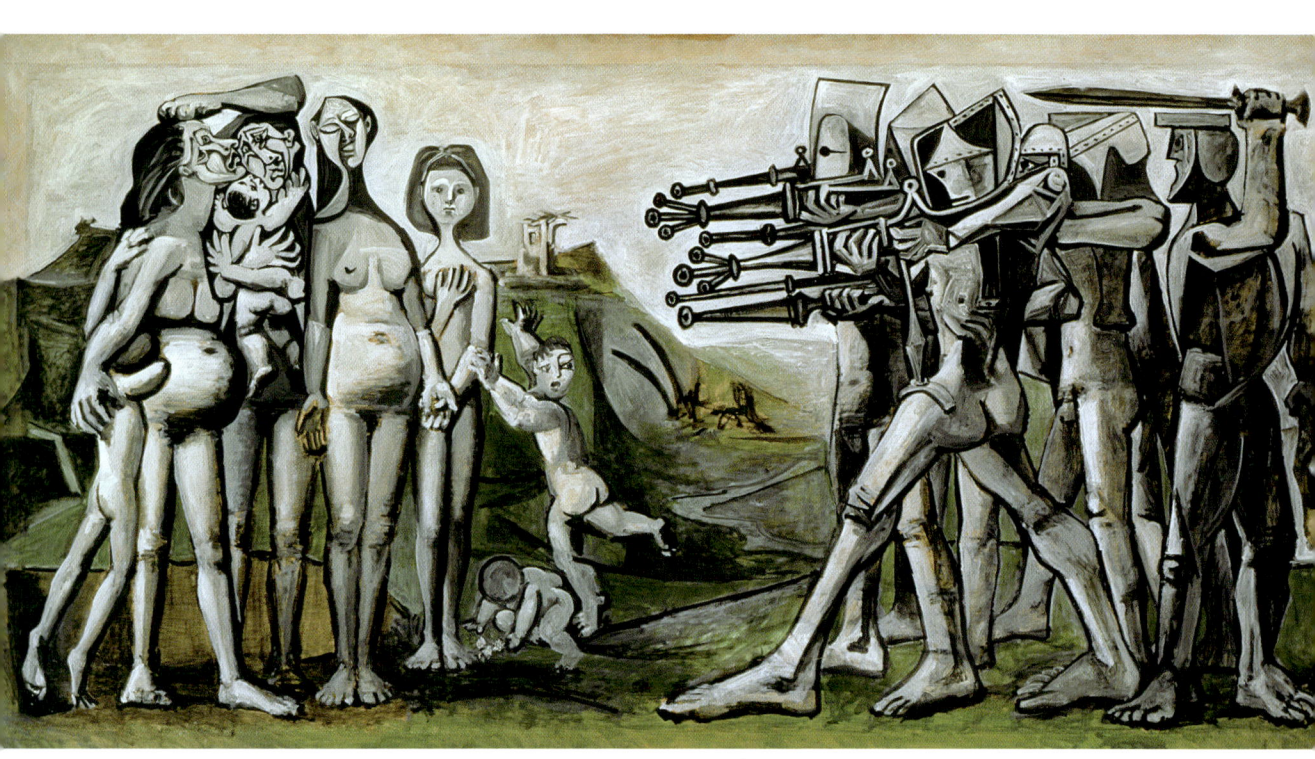

<한국에서의 학살>, 파블로 피카소, 1951년, 패널에 유화, 110×210㎝, 파리 국립 피카소 미술관

피카소가 그린 1950년 한국 전쟁의 참상

파블로 피카소 〈한국에서의 학살〉

왼편에는 한 무리의 여자와 아이들이 있어요. 그리고 오른편에는 군인들이 있네요. 두 무리는 너무나도 대비되는 모습입니다.

보세요. 아이들, 소녀, 임신한 여자, 아이 엄마들은 모두 맨몸입니다. 겁에 질린 아이가 보호받기 위해 여자들 사이로 뛰어들고, 그 밑에는 심각한 상황을 전혀 인식하지 못하는 천진한 아이가 흙장난을 하고 있어요. 그만큼 이 상황에 놓인 민간인들은 순수하기만 합니다.

반면 이들을 향해 총부리를 겨누고 있는 군인들은 어떤가요? 마치 쇠로 만든 로봇 같습니다. 잔뜩 힘을 준 군인들의 자세, 금방이라도 불을 뿜을 듯한 총구가 위협적입니다.

군인들의 정체에 대해서는 의견이 갈린답니다. 한국 전쟁은 1950년 6월 25일 북한이 남한으로 쳐들어 온 전쟁이므로, 저 잔인한 군인들은 북한군이라는 의견이 있습니다. 또 피카소가 당시 프랑스 공산당에 가입해 있었기 때문에, 화가의 입장에서 보면 저 군인들은 한국 전쟁에 개입한 미군들이라는 주장도 있습니다. 어떤 주장이 사실이든, 민간인을 향해 총을 겨누는 전쟁의 잔혹함에 대해 다시 생각하게 되는 그림입니다.

4장 명화의 조건
화가들의 예술적 고민

우리가 그림을 감상하는 것은 쉽지만, 그림에는 화가들의 부단한 노력이 숨어 있습니다. 그들은 자신만의 그림을 창조하기 위해 치열하게 노력하는 사람들이지요.

화가마다 그림에 대한 주장도 다 다릅니다. 어떤 화가는 대상을 정확하게 그리는 것이 중요하다고 주장하고, 또 다른 화가는 빛에 따른 색의 표현이 중요하다고 주장합니다. 어떤 화가는 함께 살아가는 사람들의 삶을 사실적으로 보여 주는 것이 진정한 그림이라고 하고, 또 어떤 화가는 꿈꾸는 세계에 대해 보여 주는 것이 더 중요하다고 하지요.

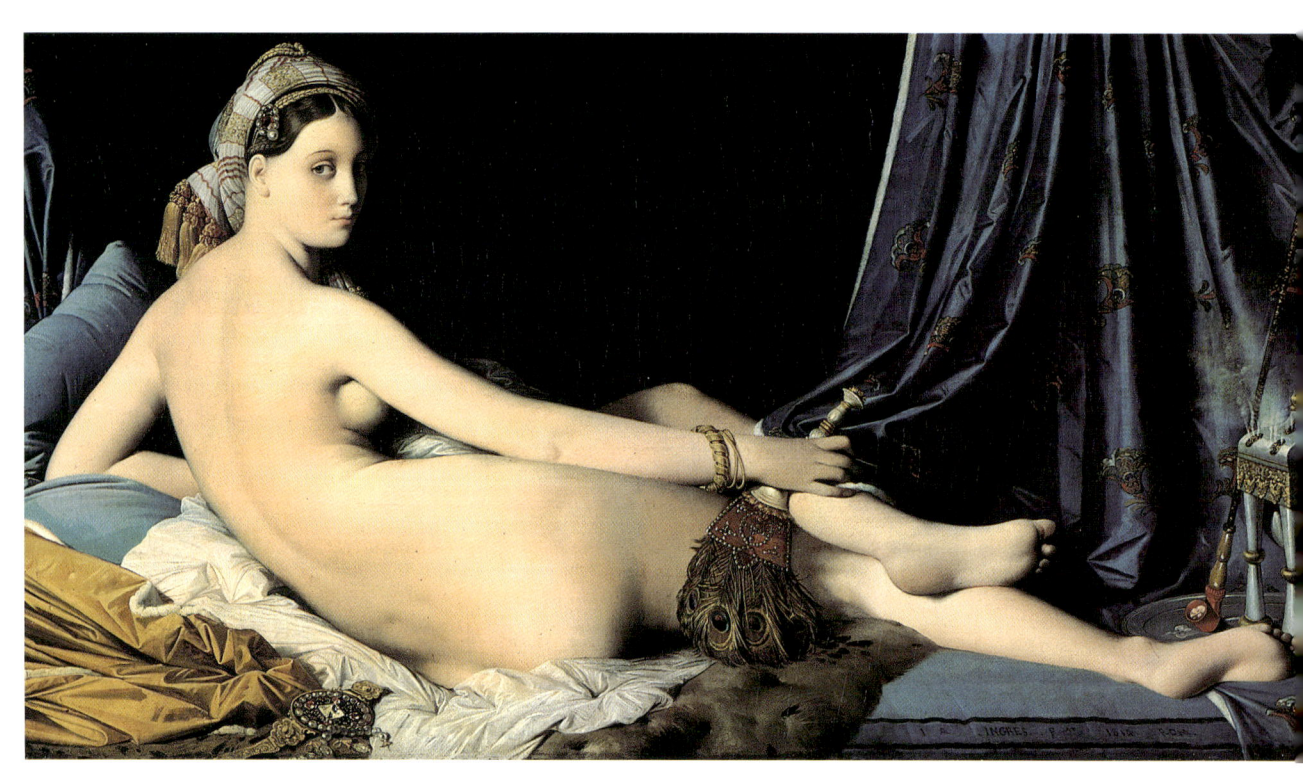

〈그랑드 오달리스크〉, 장 오귀스트 도미니크 앵그르, 1814년, 캔버스에 유화, 91×162cm, 파리 루브르 박물관

상상과 동경의 세계를 그리다

장 오귀스트 도미니크 앵그르 〈그랑드 오달리스크〉

도자기처럼 매끈한 피부의 여인이 있어요. 눕다시피 몸을 기댄 채 고개를 돌려 우리를 바라보고 있네요. 여인의 우윳빛 피부에는 붓이 지나간 흔적조차 느낄 수 없어서 그림인지 사진인지 구분이 안 갈 정도입니다. 푸른색 커튼, 머리에 쓴 진주 장식의 터번, 그리고 공작 깃털로 만든 부채 등 모든 것이 나무랄 데 없이 섬세하게 표현되어 있어요.

이 그림은 앵그르가 나폴리 왕국의 카롤리네 여왕으로부터 의뢰를 받아 그린 것입니다. '오달리스크'는 이슬람 왕국의 시녀를 말해요. 그림의 주제는 당시 유럽에서 유행하던 막연한 상상과 동경의 세계, '동방(지금의 중동 지역)'이랍니다. 당시 동방의 이슬람 문화는 유럽 사람들에게 신비의 대상이었지요. 앵그르는 오달리스크를 여러 점 그렸어요.

앵그르는 르네상스의 거장 라파엘로로부터 고전에서 이상적인 아름다움을 나타내는 매끄러운 피부 표현을, 스승인 다비드의 작품 〈레카미에 부인〉으로부터는 포즈를 빌려 왔지요. 하지만 왜곡된 인물 비례로 우아함을 강조한 것과 당시 많이 그려지던 남성 누드 대신에 여성 누드를 그린 것은 앵그르만의 독창적인 특징입니다.

<만남(안녕하세요, 쿠르베 씨)>, 구스타브 쿠르베, 1854년, 캔버스에 유화, 132×151cm, 몽펠리에 파브르 미술관

사업가와 예술가가 만날 때

구스타브 쿠르베 〈만남(안녕하세요, 쿠르베 씨)〉

"쿠르베 선생, 이렇게 우연히 만나니 반갑습니다."
"예, 그러게 말입니다. 브뤼아스 씨."
"어디 야외 스케치라도 나가십니까?"
"예, 그렇습니다."

화가 구스타브 쿠르베와 그의 후원자 알프레드 브뤼아스가 우연히 길에서 만났네요. 쿠르베와 브뤼아스는 서로 잘 아는 사이입니다. 브뤼아스는 쿠르베의 예술 활동을 도와주는 후원자거든요.

두 사람의 옷차림과 인사하는 태도를 볼까요? 먼저 화가 쿠르베를 보면 수수한 옷차림에 그림 재료가 들어 있는 화구통을 등에 메고 긴 작대기를 싶고 있습니다. 야외에서 그림을 그려야 하기 때문인지, 비싼 옷과 신발은 아닌 것 같습니다.

후원자 브뤼아스는 어떤가요? 매우 고급으로 보이는 옷차림에 비싼 구두를 신고 장갑을 벗은 손에 작대기가 아닌 지팡이를 들고 있어요. 브뤼아스 뒤에는 그의 하인이 쿠르베를 향해 고개를 숙여 인사하고 있습니다. 브뤼아스의 왼편에는 우수한 품종의 개도 한 마리 있습니다.

브뤼아스는 하인을 거느리고 비싼 개를 키울 만큼 부유한 사람인가 봐요. 그에 비하면 쿠르베는 후원자의 하인보다도 형편없는 옷차림입니다.

그런데 서로 인사하는 표정과 행동은 어떤가요? 후원자는 깍듯하게 인사를 건네고, 화가는 턱을 뒤로 젖힌 조금 거만한 자세로 인사를 하고 있어요. 비록 자신이 경제적으로 후원을 받고 있지만 기죽지 않는다는 표정입니다.

평범해 보이는 이 그림은 1855년 파리 만국 박람회에서 많은 화제가 되었어요. 사람들의 찬사와 비난이 한꺼번에 쏟아졌을 뿐만 아니라, 서양 미술사에서 중요한 상징이 된 그림이랍니다. 여러분이 볼 때는 어떤가요? 뭔가 대단한 그림처럼 보이나요? 유명한 인물을 그린 초상화도 아니고, 그렇다고 웅장한 신화를 그린 것도 아니고, 교훈을 주는 역사화도 아닙니다. 그저 평범해 보이는 당시 사람들이 시골길에서 우연히 만난 장면입니다.

한 사람은 예술가이고, 한 사람은 돈 많은 사업가입니다. 다시 말하면 '예술'과 '자본'이 만난 것이지요. 쿠르베는 천재적 영감을 가진 예술가를 자본가가 도와주어야 더욱 훌륭한 작품이 나온다고 생각했고, 그 생각을 그림으로 표현한 것입니다. 쿠르베는 돈 많은 후원자들이 좋아할 것 같은 그림보다는 화가 스스로 만족할 수 있는 진솔한 그림을 그리고 싶었던 것이지요. 〈만남(안녕하세요, 쿠르베 씨)〉가 바로 그런 그림이었습니다.

브뤼아스는 다른 후원자들과 달리 예술가를 있는 그대로 믿고 존중하며 예술가의 신념대로 작품을 그릴 수 있도록 도와준 후원자입니다.

자신이 후원을 했다고 해서 그림을 이렇게 그리세요, 저렇게 그리세요, 하지 않았답니다. 쿠르베는 브뤼아스처럼 자본가가 예술가를 도와주는 것이 세상에 기여하는 방법 중 하나라고 생각했어요.

〈만남(안녕하세요, 쿠르베 씨)〉가 보여 주는 것은 평범하기 이를 데 없는 장면이지만, 그 안에 담긴 '예술가의 당당함'과 '진실함'이라는 주제는 이 그림을 서양 미술사에서 매우 특별한 작품으로 만들어 주고 있습니다.

〈만남(안녕하세요, 쿠르베 씨)〉의 부분

<이삭 줍는 사람들>, 장 프랑수아 밀레, 1857년, 캔버스에 유화, 83.5×110cm, 파리 오르세 미술관

언제쯤이면 저 허리를 **펼 수 있을까요?**

장 프랑수아 밀레 〈이삭 줍는 사람들〉

머릿수건을 두른 농촌의 아낙네들이 들판에서 허리를 구부린 채 일을 하고 있어요. 추수가 끝나 가는 텅 빈 들판에서 곡식 한 알이라도 버려질세라 남김없이 줍고 있네요. 여인들의 조용하고 우직한 몸짓에서 종교적인 경건함마저 느껴지는 것 같습니다.

오늘은 온 마을이 다 같이 추수하는 날인가 봅니다. 저 뒤쪽을 보니, 낟가리를 들판에 쌓아 놓았고 마차에 이미 실어 놓기도 했습니다. 그 옆에는 아직 많은 사람들이 일을 하고 있어요. 여기서 일하지 않는 사람이 딱 하나 있군요. 오른쪽에서 말을 타고 일꾼들을 쳐다보고 있는 사람입니다. 농장의 주인일까요? 아니면 관리인일까요? 이 사람이 지켜보고 있으니 일꾼들은 잠시 허리 펼 새도 없겠네요.

밀레는 이 작품 외에도 〈씨 뿌리는 사람〉, 〈만종〉 등 농촌을 주제로 한 그림을 많이 그렸어요. 밀레는 농부의 아들이었고, 파리 교외의 바르비종에서 직접 농사를 지었기 때문에 농촌을 그린 그의 그림에서는 남다른 감정이 느껴집니다. 당시 바르비종의 화가들이 주로 근처의 풍경을 그린 것에 비해, 밀레는 농부들의 진솔한 삶을 주로 그렸답니다.

〈키스〉, 구스타프 클림트, 1907~1908년, 캔버스에 유화, 180×180cm, 비엔나 벨베데레 오스트리아 갤러리

키스는 황금빛

구스타프 클림트 〈키스〉

황금비가 쏟아지고 풀꽃이 만발한 정원에서 두 남녀가 키스를 하려는 순간이에요. 두 사람은 매우 사랑하는 연인으로 보여요. 남자의 두 손이 여자의 머리를 감싸고, 고개는 여자에게로 잔뜩 기울이고 있어요. 하지만 여자는 어떤가요? 남자의 목에 오른팔을 두르고는 있지만, 어찌 보면 왼손은 남자의 손을 떼어 내려는 것처럼 보이기도 해요. 감은 눈과 꼭 다문 입술은 키스를 하려는 건지 거부하는 건지 애매합니다. 그리고 여자의 발은 마치 벼랑 끝에 다가선 듯 위태로워 보여요.

〈키스〉는 클림트가 금박과 금색 물감을 사용하여 그림을 그렸던 그의 '황금 시기'의 대표작이에요. 이렇게 화려한 그림을 그린 것은 금세공업자였던 아버지의 영향을 받았던 것일까요? 클림트의 그림에는 주로 여자들이 주인공으로 등장하는데, 실제로 클림트에게 애인이 많았다고 해요. 화려한 추상적 무늬와 꽃무늬가 가득 그려진 것이 클림트 그림의 특징입니다. 단순한 형태와 강렬한 색깔, 그리고 화려한 장식적인 무늬가 순수 회화보다는 상업적인 디자인에 가까운 느낌을 주지요. 몽환적인 신비감 때문인지 현재 그의 작품들은 값이 매우 높답니다.

<풀밭 위의 점심 식사>, 에두아르 마네, 1863년, 캔버스에 유화, 207×265cm, 파리 오르세 미술관

감상자를 보는 불편한 시선

에두아르 마네 〈풀밭 위의 점심 식사〉

1863년 파리에서 이 그림이 전시되었을 당시 마네는 미술계의 혹평과 대중들의 분노의 표적이 되었어요. 이유가 뭐였을까요?

양복을 차려입은 두 남자와 벌거벗은 한 여인, 그리고 그들 뒤에 또 다른 여인이 있어요. 인물들은 고전이나 신화를 주제로 한 그림에서 흔히 볼 수 있는 자세를 취하고 있지만 이들은 모두 19세기의 사람들입니다. 이 그림을 본 사람들은 여신이 아닌 동시대의 평범한 여자가 옷을 벗은 채 똑바로 감상자를 바라보는 시선을 불편하게 느꼈고, 상류층 남자들은 자신들이 천박하게 노는 모습을 들킨 것 같아 못마땅해했어요. 익숙하고 전통적인 구도와 기법의 그림이지만 그 안에 실존 인물들이 등장하면서 보는 이들에게 당혹감을 안겨 주었지요. 마네가 의도한 것이 바로 그들의 이중성을 꼬집는 것이었거든요. 그림 속 여인의 태연한 눈빛이 화가의 생각을 말해 주는 것 같습니다.

평단과 대중들의 비난에도 불구하고, 마네는 현대적인 삶의 모습을 계속해서 그려 나갔어요. 마네의 그림들은 많은 후대 화가들에게 영향을 주었고, 현대 미술의 출발점으로 여겨지기도 한답니다.

<인상, 해돋이>, 클로드 모네, 1873년, 캔버스에 유화, 48×63cm, 파리 마르모탕 모네 미술관

이전에는 없던 해

클로드 모네 〈인상, 해돋이〉

세상이 아직 깨어나기도 전에 벌써 바다에 나와 고기를 잡는 배들이 보이는군요. 이 부지런한 어부들을 밝혀 주며 항구의 희뿌연 안개 속에서 해가 떠오르고 있습니다. 짙은 밤하늘은 어느새 붉게 번져 가기 시작했어요.

여러분은 캄캄한 밤을 지나 태양이 바다에서 올라오는 모습을 본 적이 있나요? 아니면 긴 하루의 끝에 태양이 점점 수평선 아래로 잠기는 모습을 본 적은요? 태양이 하루를 열고 내리는 그 장엄한 광경은 매우 짧은 순간 지나간답니다. 그래서 그 광경을 보려면 얼마간 하던 일을 멈추고 집중해야 하지요.

이 그림을 그린 모네도 어부들만큼이나 일찍 일어나서 항구가 보이는 창가에 그림 도구를 가져다 놓고 기다렸습니다. 그러고는 순식간에 떠오르는 해를 직접 보고 그 황홀한 광경을 재빠르게 그렸어요. 새벽의 하늘빛은 순식간에 밝은 아침 속에 사라지기 때문에 화가의 예리한 시선과 빠른 손놀림이 필요했어요. 그렇게 그린 〈인상, 해돋이〉는 마치 미완성의 그림처럼 거칠어 보입니다.

모네는 해 뜨는 새벽의 풍경뿐만 아니라, 하늘 높이 떠오른 해가 세상을 눈부시게 비추는 광경을 그리고 싶었어요. 모네가 그 광경을 직접 보고 그렸다는 것은 매우 중요한 행동이랍니다. 왜냐하면 다른 화가들은 화실에 앉아서 머리로 알고 있는 모습들을 그렸거든요.

모네는 자연의 빛에 따라 달라지는 세상의 색깔을 표현하고 싶었어요. 그래서 어느 때는 들판에 쌓여 있는 건초 더미 앞에 앉아서 아침과 오후에 각기 다르게 보이는 건초 더미의 색깔과 그림자 길이를 몇 번씩 그렸어요. 또 같은 성당 건물을 시간을 두고 여러 번 그리기도 했어요. 모네가 그렇게 그린 그림을 보면, 같은 사물이라도 빛의 밝기에 따라 완전히 다르게 보인답니다.

<루앙 성당, 흐린 날의 정문>,
클로드 모네, 1894년, 캔버스에 유화,
100×65cm, 파리 오르세 미술관

<루앙 성당, 아침 백색의 조화>,
클로드 모네, 1892~1894년, 캔버스에 유화,
106×75cm, 파리 오르세 미술관

<루앙 성당, 아침 청색의 조화>,
클로드 모네, 1894년, 캔버스에 유화,
91×63cm, 파리 오르세 미술관

당시 프랑스에는 모네처럼 빛과 색깔을 과학자처럼 연구하여 그리는 화가들이 나타나기 시작했어요. 이 화가들을 '인상주의' 또는 '외광파'라고 합니다. 인상주의 화가들은 화실을 떠나 그림 도구를 들고 밖으로 나갔어요. 햇빛에 따라 색깔이 바뀌기 전에 재빨리 그림을 완성하려고 팔레트에 짜 놓은 물감을 그대로 칠했어요. 색을 만들 때 물감을 많이 섞으면 색이 탁해져서 그림이 무겁게 보이기 때문이지요. 여러분도 낮에 밖에 나가서 나무나 건물들을 눈여겨보세요. 밝은 빛을 받은 사물은 탁한 색이 없어요.

재미있는 것은 '인상주의'라는 용어가 모네의 그림 〈인상, 해돋이〉에서 나왔다는 거예요. 모네를 비롯한 외광파 화가들의 전시회를 본 어느 미술 비평가가 "스케치에 지나지 않는 거친 그림에 깊은 인상을 받았다."라고 비아냥거린 데서 나온 말이랍니다. 하지만 이 말은 화가들 사이에서 새로운 것을 시도한다는 좋은 의미로 자리 잡았지요. 비록 처음에는 미완성 그림이라는 비난을 받았지만 말이에요.

화가가 실내 작업실에서 벗어나 밖으로 나가 자신이 직접 본 것의 인상을 그림으로 그린 행위는 서양 미술사에서 매우 중대한 사건입니다. 그 시작이 된 기념비적인 작품이 바로 모네의 〈인상, 해돋이〉랍니다. 여러분은 지금 이전 화가들의 그림과는 다른, 새로운 의미의 해돋이 풍경을 감상하고 있는 중입니다.

〈생각하는 사람〉,
오귀스트 로댕,
1903년, 청동, 높이 180cm,
파리 로댕미술관

'지옥의 문' 앞에서 생각하는 사람

오귀스트 로댕 〈생각하는 사람〉

무슨 생각을 이리도 골똘히 하고 있을까요? 오른손은 왼쪽 무릎 위쪽에 의지해서 턱을 괴고, 왼손은 무릎 위에 힘없이 걸쳐져 있습니다. 얼굴 표정과 자세는 이 남자가 깊은 고민에 빠져 있음을 알게 해 주지요. 꿈틀거리는 근육 하나하나가 살아 있는 고민덩어리처럼 실감납니다.

〈생각하는 사람〉은 원래 로댕의 다른 작품인 〈지옥의 문〉의 일부로 제작된 것입니다. 〈지옥의 문〉은 로댕이 프랑스 정부로부터 장식 미술 박물관에 설치할 작품을 주문 받아 무려 20년에 걸쳐 제작한 것인데, 끝내 미완성으로 남았지요. 로댕은 중세 이탈리아 시인 단테의 서사시 〈신곡〉 중 '지옥편'에서 영감을 얻어 〈지옥의 문〉을 구상했어요. 그 거대한 조각에는 여러 인물상들이 장식되었는데, 〈생각하는 사람〉은 문의 위쪽 중앙에 위치하여 아래쪽을 바라보고 있습니다. 로댕은 〈생각하는 사람〉을 통해 현대인이 삶에서 부딪히는 고뇌에 대해 표현하고 싶었어요.

1888년 〈생각하는 사람〉은 〈지옥의 문〉으로부터 독립되어 더 큰 크기로 다른 공간에 놓이게 되었습니다. 평생 인체만을 주제로 삼아 다양한 감정을 조각으로 표현한 로댕은 '현대 조각의 아버지'라 불린답니다.

〈그랑드 자트 섬의 일요일 오후〉,
조르주 쇠라,
1884~1886년, 캔버스에 유화,
207×308cm,
시카고 아트 인스티튜트

과학, 그림을 부탁해

조르주 쇠라 〈그랑드 자트 섬의 일요일 오후〉

　그림은 사람들에게 어떠한 감정을 경험하게 해 줍니다. 이 세상에 그림이 없다면 사람들의 가슴은 무척 삭막할 거예요. 그래서 그림이 감정에 치우친 예술이라고 생각하기 쉽지만, 사실은 매우 과학적인 그림들도 많아요. 과학이 발달한 산업화 시대가 되면서 자연스럽게 그러한 경향은 더욱 커졌고, 과학의 영향을 그림에 더욱 적극적으로 받아들이려고 하는 화가들이 생겨났어요. 그림이 가슴에서 머리로 옮겨지게 된 경우랍니다.

　쇠라의 〈그랑드 자트 섬의 일요일 오후〉를 보세요. 화면 가득 햇살이 쏟아지고 있어요. 이 섬에서 한가로운 일요일 오후를 보내고 있는 이들은 꽤 부유한 사람들임을 알 수 있어요. 아름다운 양산과 모자, 드레스 차림의 숙녀들, 그리고 멋진 정장을 입고 지팡이를 든 신사들이 넘쳐나네요. 부부, 모녀, 자매로 보이는 사람들이 삼삼오오 짝을 지어 여유로운 시간을 보내고 있어요. 강아지들은 덩달아 신이 났습니다. 잔잔한 강 위에는 요트와 배가 있네요. 이런 곳에서 일요일 오후를 한가롭게 즐긴다면 참 좋겠습니다.

햇살은 부드럽고 강물과 나무, 잔디는 깨끗하고 싱그러워 보입니다. 이런 산뜻한 풍경은 단지 날씨의 영향만이 아니라, 2년여에 걸쳐 쇠라가 노력한 결과랍니다.

<그랑드 자트 섬의 일요일 오후>의 부분

그림을 자세히 보면 물감으로 쓱쓱 칠한 것이 아니라 작은 점을 찍은 것 같지 않나요? 맞아요. 이 그림은 미세한 색점을 찍어 표현하는 '점묘법'으로 그린 것입니다. 세상에! 모래알 같은 색점을 일일이 찍어 가며 이런 그림을 완성했다니, 믿어지나요?

철저한 연구와 꼼꼼함, 인내심, 그리고 무엇보다 확고한 자기만의 작품 철학이 없었다면 불가능한 일이랍니다. 정말 놀라운 것은 쇠라는 그림에 필요한 색을 나타내기 위해서 철저히 계산을 한 다음, 팔레트에서 섞지 않은 순수한 색들을 일일이 섬으로 찍어 원하는 효과를 나타냈다는 것입니다. 쇠라는 이러한 그림을 그리기 위해서 색채 원리를 연구하는 색채학과 빛의 광학 이론을 공부했어요. 점묘법으로 그리는 그림은 엄청난 노력과 집중력이 필요하기 때문에 소요되는 시간도 그만큼 오래 걸립니다. 그래서인지 쇠라는 32세의 젊은 나이에 독감으로 세상을 떠났어요. 쇠라는 세잔과 더불어 20세기 회화에 새로운 시대를 열었답니다.

<병과 사과 바구니가 있는 정물>, 폴 세잔, 1893년, 캔버스에 유화, 65×80cm, 시카고 아트 인스티튜트

세잔은 사과에서 무엇을 보았을까?

폴 세잔 〈병과 사과 바구니가 있는 정물〉

우리가 만약 타임머신을 타고 세잔의 작업실에 간다면, 제일 먼저 쌓아 놓은 과일들이 보이고 싱그러운 과일 냄새를 맡게 될 거예요. 세잔은 사과, 배, 오렌지, 석류, 복숭아 등 과일을 소재로 한 정물화(일상생활의 사물을 그린 그림)를 많이 그린 화가입니다. 그중에서 제일 많이 그린 과일은 사과랍니다. 빨간 사과, 연두색 사과, 빨간색과 연두색이 섞인 사과, 빨간색과 노란색이 섞인 사과 등 색깔도 다양해요. 아마 세잔은 그 동네 과일 가게 주인에게 제일가는 단골이었을 거예요.

세잔은 과일을 그리기 시작하면 그 과일이 썩을 때까지 그리고 또 그렸어요. 그만큼 세심하게 관찰하며 그렸다는 것이지요. 달콤한 향기가 나는 싱싱한 과일뿐만 아니라 쭈글쭈글 시들어 가는 과일의 모양과 색깔도 관찰하여 그렸어요. 또 과일을 이렇게 저렇게 여러 각도로 배치해 놓고 그리기도 했어요. 마치 과일 속에 숨겨진 보석이라도 찾는 것처럼 그는 진지하게 과일 그림을 그렸지요. 그래요, 세잔은 세상의 사물에 숨겨진 비밀을 찾고 있었어요. 노란 배도, 주황색 오렌지도, 빨간 사과도 그 안에는 동그라미라는 공통된 형태가 있다는 것에 주목한 것입니다.

또한 세잔은 과일과 여러 사물을 한꺼번에 놓고 그리는 방법에 대해 고민을 많이 했어요. 이 그림 속의 사과가 아무렇게나 흩어져 있는 것처럼 보일지 모르지만, 사실은 세잔이 명확한 의도를 가지고 사과를 배치한 것입니다. 바구니 안에 담긴 사과가 거의 겹쳐지지 않고 조심스럽게 나열되어 있는 것을 보세요. 바구니도 받침대를 고여 일부러 비스듬히 기울여 놓았어요. 사과가 잘 보이게 하려는 것이지요. 바구니 옆에는 하얀 접시에 담긴 과자가 있어요. 길쭉한 과자를 마치 블록 쌓기라도 하듯 반듯하게 쌓아 올렸네요. 그리고 바구니와 접시 사이에는 길쭉한 갈색 병을 하나 놓았어요.

<병과 사과 바구니가 있는 정물>의 부분

사과는 모두 제각각으로, 병의 형태는 비뚤어지게 왜곡되어 표현됐어요.

이 그림을 보면 사과도, 병도, 심지어 테이블도 불안정해 보여요. 구도도 고전적인 정물화의 안정감과는 거리가 멀고 어딘지 무질서해 보이기까지 합니다. 그것은 세잔이 전통적인 원근법과 명암법을 쓰지 않았기 때문이에요. 세잔은 같은 대상을 앉아서 보기도 하고, 서서 보기도 하면서 그렸어요. 화가가 바라보는 시점이 바뀌면서 한 화면 안에 놓인 사물들에 여러 개의 시점이 적용된 것입니다. 전통적인 원근법에서 벗어나 여러 개의 시점으로 사물을 묘사하는 세잔의 독특한 방식은 현대 미술에 많은 영향을 미쳤답니다.

아이가 새로 산 장난감을 만져 보고 굴려 보고 흔들어 보며 탐색하듯, 세잔 역시 호기심 가득한 마음으로 그림을 그렸어요. 그랬기 때문에 단순한 형태의 사과와 심심한 주제일 수 있는 정물화가 세잔에게는 끊임없는 영감의 원천이자 연구 대상이 될 수 있었던 것입니다.

세잔은 집중력도 강해서 작업실에 오래 머물러 있기로 유명했어요. 끈기 있게 집중하는 화가의 그림은 빛날 수밖에 없어요. 20대에 미술 공부를 시작했을 때는 자신의 실력이 모자라다는 생각에 절망하기도 했지만, 세잔은 결국 자신만의 예술 세계를 만드는 데 성공했습니다. 또한 많은 젊은 화가들이 세잔을 존경하고, 그의 방식을 따라 했어요.

세잔이 과일이 썩어 나갈 때까지 그림을 그린 것은 그만큼 위대한 화가가 되기 위한 노력이었답니다. 이런 명작의 탄생을 위해 쓰인 과일이라면, 썩는 냄새조차 달콤할 것 같아요.

<생 빅투아르 산>, 폴 세잔, 1887년경, 캔버스에 유화, 66.8×92.3cm, 런던 코톨드 갤러리

화가가 산으로 간 이유

폴 세잔 〈생 빅투아르 산〉

봄의 산, 여름의 산, 가을의 산, 겨울의 산은 저마다 색이 모두 다릅니다. 또 산은 어느 각도에서 보느냐에 따라서도 느낌이 달라요. 나무를 품고 있는 각도, 나무보다는 바위가 많이 보이는 각도, 바다가 함께 보이는 각도 등이 모두 다르지요. 이렇듯 산은 계절, 각도, 주위의 풍경에 따라 다른 모습을 보여 줍니다.

세잔은 과일 정물화와 함께 산의 아름다운 모습을 연구하듯 그린 화가입니다. 그는 자신의 고향 엑상프로방스 지방의 돌산인 생 빅투아르 산을 20년 동안 무려 60여 차례나 그렸어요. 산을 보이는 그대로 그리지 않고 자신만의 선과 색을 사용해 새로운 산으로 표현했어요. 세잔의 관심사였던 사물이 궁극적으로 어떤 형태, 어떤 관계로 연결되어 있는지 찾아내고자 연구하듯이 그린 것입니다.

세잔은 "자연의 모든 형태 속에는 동그라미, 원통, 원뿔 모양이 있다."라고 했어요. 그는 자연을 가장 본질적인 형태로 되돌려 캔버스에 담으려 평생 노력했지요. 그것을 고집스럽게 탐구했던 세잔의 작품은 서양 미술사에서 매우 중요하고도 확고한 위치를 차지하고 있답니다.

5장 자전적 이야기가 담긴 명화

명화, 슬픔과 고뇌 위에 꽃피다

예술 작품은 화가 자신의 자서전 같은 이야기일 때가 많아요. 경제적 빈곤에 따른 생활고, 선천적 혹은 후천적 장애인으로 살아가며 느끼는 고독한 마음, 가족을 잃었을 때 느끼는 슬픔과 죽음에 대한 두려움, 내 고향이 아닌 타국을 떠돌아다니는 불안과 고향에 대한 짙은 그리움 등이 그림 속에 담겨 있지요.

이러한 내면의 표현은 화가들의 삶에 다시 영향을 미칩니다. 고통의 경험이 그림에 녹아들며 치유가 되기도 하고, 너무 주관적인 표현 탓에 그림이 팔리지 않아 경제적 빈곤과 예술가의 자질에 대한 고민으로 이어지기도 한답니다.

<고흐의 자화상>, 빈센트 반 고흐, 1889년, 캔버스에 유화, 65×54cm, 파리 오르세 미술관

요즘 나의 표정은 어떨까?

빈센트 반 고흐 〈고흐의 자화상〉

화가들은 가끔 자신의 모습을 그려요. 그림 모델을 채용할 돈이 없을 때 거울을 보고 표정이나 얼굴 근육의 움직임을 연구하기도 하고, 때로는 화가로 사는 자신의 모습에 대해 진지하게 생각해 보기 위해 자화상(화가가 자신의 모습을 그린 그림)을 그리기도 하지요.

여기 언짢은 표정의 한 남자가 있어요. 그림 속의 남자는 불만스러워 보입니다. 눈은 누군가를 노려보는 듯 힘이 들어가 있고, 입은 뭔가 할 말이 많은데 꾹 참고 있는 듯합니다. 뒤의 배경은 이글이글 타오르는 불꽃처럼 소용돌이칩니다. 이 그림은 고흐가 자살하기 1년 전에 그린 자화상입니다. 당시 고흐는 자신의 심리 상태에 이상을 느끼고 정신 병원에 입원했는데, 그때 병원에서 그린 그림 가운데 하나로 알려져 있어요. 고흐는 자화상을 40점이나 그렸어요. 그에게 자화상은 힘든 삶에 대한 자기 고백이었다고 할 수 있습니다.

자화상은 나의 모습을 비추는 거울과 같아요. 우리가 거울 앞에서 웃으면 거울 속 나도 따라 웃고, 찡그리면 거울 속 나도 따라 찡그리는 것처럼 말이지요. 여러분의 자화상에는 행복한 모습이 담겼으면 좋겠네요.

<물랭 루즈>, 앙리 드 툴루즈 로트렉, 1892~1895년, 캔버스에 유화, 123×141cm, 시카고 아트 인스티튜트

로트렉은 왜 '물랭 루즈'로 갔을까?

앙리 드 툴루즈 로트렉 〈물랭 루즈〉

댄스홀의 가스등 샹들리에가 화려하게 빛나고, 오케스트라의 연주가 신사 숙녀들을 들뜨게 하네요. 댄스홀 벽에는 거울이 붙어 있어 장소가 더욱 넓어 보여요.

이곳은 1889년 프랑스 파리의 번화가에 문을 연 댄스홀 '물랭 루즈'입니다. '물랭 루즈'는 프랑스어로 '붉은 풍차'라는 뜻이지요. 건물 옥상에 풍차 모양 장식물이 있거든요. 1889년 파리에서는 파리 만국 박람회가 열렸고, 에펠탑도 세워졌어요. 당시 파리의 축제 분위기에 힘입어 문을 연 물랭 루즈는 파리의 즐거움을 흠뻑 느끼고 싶어 하는 예술가, 비평가, 무용가, 공연 기획자, 사업가 들로 늘 북적였지요.

화가 로트렉은 이곳에 지정석이 있을 만큼 자주 드나들었다고 해요. 그는 물랭 루즈의 무용수, 가수, 춤추는 군중을 자주 그렸어요. 이 그림에 등장하는 사람들은 모두 로트렉이 아는 사람들이에요.

어릴 때 사고로 성장이 멈추어 키가 150cm였던 로트렉은 웬만하면 그림에 자신을 등장시키지 않는데, 이번에는 저 안쪽 키 큰 사나이 옆에 자신을 그려 넣었네요. 활기찬 댄스홀에서 그는 무슨 생각을 했을까요?

<우리는 어디서 왔는가, 우리는 무엇인가, 우리는 어디로 가는가>
폴 고갱, 1897~1898년, 캔버스에 유화, 139.1×374.6cm, 보스턴 미술관

죽음 앞에서 그린 그림

폴 고갱 〈우리는 어디서 왔는가, 우리는 무엇인가, 우리는 어디로 가는가〉

그림 제목이 무척 심각해요. '우리는 어디서 왔는가? 우리는 무엇인가? 우리는 어디로 가는가?' 이런 고민을 여러분도 해 본 적이 있나요?

이 그림은 고갱이 말년에 그린 작품으로 〈황색의 그리스도〉, 〈설교 후의 환상(천사와 씨름하는 야곱)〉과 함께 그의 대표작으로 꼽힙니다.

그림에는 타히티 섬의 그늘진 개울가를 배경으로 여인들이 보입니다. 그림의 오른쪽에는 갓난아기와 세 여인이 있습니다. 삶의 시작을 상징하는 부분이라 할 수 있어요. 중앙에는 과일을 따는 여인과 그 아래에서 과

〈황색의 그리스도〉, 폴 고갱,
1889년, 캔버스에 유화, 127×109㎝,
뉴욕 올브라이트 녹스 갤러리

〈설교 후의 환상(천사와 씨름하는 야곱)〉, 폴 고갱,
1888년, 캔버스에 유화, 72.2×91㎝,
에든버러 국립 스코틀랜드 미술관

일 먹는 소녀 그리고 고양이 두 마리가 있어요. 삶에 열중하여 사는 모습을 그린 부분이에요. 그 다음엔 회색빛 여신상이 보이고 맨 왼쪽에 늙은 여인이 손으로 머리를 감싸고 있어요. 그 앞에는 하얀 새가 도마뱀을 발로 움켜쥐고 있고요. 죽음을 앞둔 인생의 말년에 대한 부분이지요.

고갱의 삶은 순탄한 편이 아니었어요. 일찍 아버지를 여의고 청소년기에는 선원 생활을 하다가 20대 중반에 증권 거래소에 취직하고 결혼을 했습니다. 그때 그림을 배우고 작품을 수집하며 당시의 유명 화가들과 교류를 했어요. 그러던 중 주식 시장의 불황으로 증권 거래소 일을 그만두고 본격적으로 화가의 길을 걷기 시작했지요. 하지만 그림으로 가족을 부양하기가 쉽지 않았고, 고갱은 가족과 떨어져 지내게 되었습니다.

그림 구상을 위해 남태평양의 타히티 섬으로 떠난 고갱은 순수한 원주민들의 삶을 화폭에 담기 시작했어요. 그가 타히티에서 그린 그림들은 강렬한 색채와 단순화시킨 형태가 특징입니다. 고갱은 이 그림들로 파리에서 전시회를 열었는데, 예술가들에게는 인정받았지만 상업적으로는 실패했어요. 이 무렵부터 고갱은 몸이 아프기 시작했고, 사랑하는 딸이 세상을 떠났다는 소식을 듣게 됐어요. 깊은 절망감을 느낀 고갱은 '삶이란 무엇인가?'라는 철학적인 고민을 시작으로 이 작품을 그렸던 것입니다.

고갱은 이 그림을 완성하고 나서 자살을 시도했지만 실패했어요. 그러니까 이 작품은 죽음을 생각하며 인간의 삶에 대한 통찰을 유언처럼 그린 것이지요. 생전에는 화가로서 영광을 누리지 못했지만, 강렬하고 순수한 고갱의 그림은 후배 화가들에게 예술적 영감을 주었습니다.

〈절규〉, 에드바르 뭉크, 1893년, 마분지에 템페라와 파스텔, 91×73.5cm, 오슬로 국립 미술관

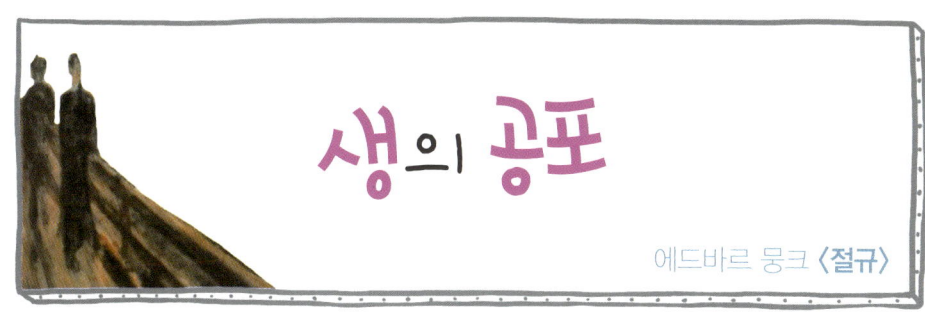

생의 공포

에드바르 뭉크 〈절규〉

저녁 무렵 해가 지며 하늘이 핏빛으로 변합니다. 한 남자가 공포에 질려 비명을 지르니 붉은 하늘도, 그가 서 있는 다리 밑의 강물도 심하게 요동치는 것 같습니다.

어느 날 뭉크는 친구들과 산책을 하다가 갑자기 공포감을 느꼈다고 해요. 그 감정을 표현한 것이 바로 〈절규〉입니다. 이 작품은 뭉크의 〈생의 프리즈〉라는 연작 가운데 하나예요. 〈생의 프리즈〉는 삶, 사랑, 죽음이라는 주제로 뭉크가 30여 년에 걸쳐 시리즈로 그린 작품들입니다. 총 22점으로 구성되었고, 그 가운데 '생의 공포'를 그린 것이 〈절규〉입니다.

뭉크가 노르웨이를 떠나 파리에서 그림을 공부하던 중 아버지가 세상을 떠나자, 그는 남은 가족의 생계를 책임져야 했어요. 그 와중에 독일 베를린에서 열린 뭉크의 전시회는 전시 기간을 다 채우지 못하고 중단되기에 이르러요. 베를린 언론들이 뭉크의 그림을 혹평했기 때문이에요. 하지만 이 사건으로 인해 뭉크는 예술가들 사이에서 유명해졌지요.

뭉크는 〈절규〉에 큰 애착을 가져서, 다양한 재료로 50여 점이나 제작했어요. 이 그림은 삶의 불안과 공포를 강렬하게 전달하는 작품입니다.

내 안에 있는 또 다른 나

에드바르 뭉크 〈사춘기〉

 붉은 빛이 감도는 방에 불안해 보이는 알몸의 소녀가 침대 위에 앉아 있어요. 두 손을 모으고 앉은 소녀의 자세는 경직되어 있고, 표정에서는 당돌함과 긴장감이 동시에 엿보입니다. 소녀의 뒤로 그림자 같기도 한 검은 기운이 어른거리고 있어요. 사춘기에 만나는 불안, 두려움, 공포 등의 감정들을 표현한 그림입니다.

 뭉크는 5세 때 어머니를 결핵으로 잃었고, 14세 때 어머니의 빈자리를 채워 주던 다정한 누나마저 같은 병으로 떠나 보냈어요. 뭉크 자신도 병약하여 늘 불안하고 어두운 성장기를 보냈지요. 아버지는 신앙에 광적으로 몰입해서 남은 가족들과 갈등을 겪곤 했고 여동생은 정신병을 앓고 있었지요. 뭉크는 이런 상황 속에서 정신적으로도 육체적으로도 고통스러운 사춘기를 보냈습니다. 그러한 고통과 불안이 이 〈사춘기〉라는 작품에 고스란히 나타나 있습니다.

 이 작품도 〈생의 프리즈〉 연작 중의 하나예요. 알몸의 소녀를 보는 작가의 시선은 몰래 훔쳐보는 음흉한 시선이 아닌, 자신의 삶을 되돌아보는 과정에서 다시 만난 내면의 불안을 마주하는 시선입니다.

〈사춘기〉, 에드바르 뭉크,
1894~1895년, 캔버스에 유화, 151.5×110cm, 오슬로 국립 미술관

<나와 마을>, 마르크 샤갈, 1911년, 캔버스에 유화, 192×151.4cm, 뉴욕 현대 미술관

나의 살던 고향은

마르크 샤갈 〈나와 마을〉

여러분은 어떤 마을에 살고 있나요? 마을을 생각하면 가장 먼저 떠오르는 것은 무엇인가요? 여러분이 사는 집 또는 학교, 아니면 자주 가는 공원인가요?

그림에는 샤갈이 자란 마을이 있습니다. 알록달록한 집이 여러 채 있고 교회도 보이네요. 한 소녀가 염소젖을 짜고 있어요. 어깨에 낫을 멘 남자는 풀을 베러 가는 걸까요? 아니면 집으로 돌아오는 걸까요?

화면의 가장 큰 부분을 차지하고 있는 것은 염소와 남자의 옆모습입니다. 둘은 서로를 친근하게 바라보고 있어요. 이 마을 사람들은 가축을 키우고 농사를 지으며 사는 사람들이군요. 염소와 남자 사이에는 구약 성서에 나오는 떨기나무가 있습니다. 러시아 비테프스크의 유대인 마을에서 태어난 샤갈은 유대인으로서의 정체성을 떨기나무로 표현하고 있어요.

샤갈은 23세에 파리로 유학을 떠난 이후 프랑스와 미국을 떠돌며 이방인으로 살았어요. 외국 땅에서 느끼는 고향에 대한 그리움은 샤갈에게 예술적 영감을 주었고, 고향 마을을 주제로 한 많은 작품이 탄생했습니다. 〈나와 마을〉은 그러한 작품의 대표작입니다.

<에펠탑의 신랑, 신부>, 마르크 샤갈, 1938~1939년, 캔버스에 유화, 150×136.5cm, 파리 퐁피두 미술관

신랑, 신부는 어디로 날아가나요?

마르크 샤갈 〈에펠탑의 신랑, 신부〉

이 그림은 샤갈이 인생 말년까지 거실에 걸어 두었던 작품입니다. 어떤 사연이 깃든 그림일까요?

이제 막 결혼식을 마친 신혼부부가 두둥실 하늘을 날고 있습니다. 이 신혼부부는 샤갈과 아내 벨라입니다. 수탉이 샤갈 부부를 태우고 있는 것 같기도 한데, 하얀 수탉은 욕망, 남자, 부유, 속죄를 위한 희생 제물을 상징해요. 그 주위로 날고 있는 염소와 천사들이 이 부부를 축복해 주는 듯합니다.

그림 위쪽의 짙푸른 형태는 무엇일까요? 제목에 힌트가 있지요. 맞아요, 파리에 있는 에펠탑입니다. 샤갈은 러시아에서 태어났지만 100세 가까운 생애 동안 주로 프랑스에서 살았어요. 그림 속의 사람과 동물이 하늘을 날고 있는 것은 날아갈 것 같이 행복한 마음을 표현한 것이 아니에요. 한 곳에 정착하지 못하고 아내와 함께 떠돌아다녀야 하는 자신의 처지를 표현한 것입니다. 유대인인 샤갈은 제2차 세계 대전 당시 나치의 유대인 탄압 때문에 미국으로 이주하게 됩니다. 그가 미국으로 가기 직전에 그린 이 작품은 암울한 현실을 우화적으로 아름답게 표현한 거예요.

"내가 많이 아파요."라고 말해 보세요

프리다 칼로 〈가시 목걸이와 벌새가 있는 자화상〉

멕시코의 화가 프리다 칼로가 그린 자화상입니다. 그런데 목에 가시나무로 만든 목걸이를 걸고 있어요. 가시가 목에 상처를 내어 피가 흐릅니다. 가시 목걸이에 죽은 벌새가 매달려 있네요. 칼로 뒤에는 원숭이와 고양이가 있어요. 이 그림에는 어떤 의미가 담겨 있는 걸까요?

칼로는 일생을 몸과 마음의 고통 속에서 힘겹게 산 화가입니다. 6세 때 소아마비를 앓아 오른쪽 다리를 절게 되었는데, 아픈 다리가 너무 볼품없이 말라서 늘 긴 치마로 가리고 다녔어요. 하지만 칼로는 꿋꿋한 아이였기 때문에 장차 의사가 되겠다는 꿈을 꾸었어요. 열심히 공부한 끝에 멕시코에서 최고로 손꼽히는 에스쿠엘라 국립 예비 학교에 진학했지요.

그런데 불행히도 칼로에게 더 큰 시련이 닥쳤어요. 18세 때 하굣길에 타고 가던 버스가 전차와 충돌하는 사고를 당한 겁니다. 그 사고는 칼로의 신체를 완전히 망가뜨렸습니다. 그녀의 옆구리로 들어온 긴 강철이 척추와 골반을 관통하여 반대편 허벅지 쪽으로 나왔고, 다리도 짓이겨졌습니다. 그렇게 큰 사고를 당하고 목숨을 건졌다는 게 정말이지 기적이었어요.

〈가시 목걸이와 벌새가 있는 자화상〉, 프리다 칼로, 1940년, 캔버스에 유화, 61.25×47cm, 오스틴 해리 랜섬 센터

1년 가까이 전신에 깁스를 하고 침대 위에 누워 있던 칼로는 이제 아무것도 할 수 없게 되었다는 절망에 빠졌어요. 그때 가족들이 손과 팔을 조금씩 움직이는 칼로를 위해 침대 위에 거울을 달아 주고 그림 재료를 준비해 주었어요. 그렇게 칼로는 그림을 그리게 되었습니다. 그전까지 그림을 배운 적은 없었지만, 원래 총명하고 의지가 강했던 칼로는 열심히 그림 그리기에 매달렸어요. 그리고 자신이 그림에 재능이 있음을 발견하게 되었지요. 몸을 마음대로 움직일 수 없었고, 혼자 있는 시간이 많았기 때문에 그림의 소재는 언제나 칼로 자신의 모습이었어요. 침대에서 일어난 뒤에도 칼로는 자화상을 많이 그렸습니다.

  칼로는 몸을 세우고 조금씩 움직이기까지 30번도 넘는 큰 수술을 받아야 했어요. 수술의 고통 때문에 몸과 마음이 지쳐 갈수록 칼로는 그림에 자신의 고통을 쏟아부었어요.

  그러던 중 칼로는 당시 멕시코의 거장인 화가 디에고 리베라를 만나게 되었습니다. 평소 존경하던 리베라에게 그림 평을 듣고 예술에 대한 이야기를 나누는 것은 칼로에게 무엇과도 바꿀 수 없는 기쁨이었어요. 두 사람은 마침내 사랑에 빠져 결혼을 하게 되었지요.

  리베라는 당시 22세이던 칼로보다 21살이나 나이가 많았습니다. 또 칼로가 리베라의 세 번째 부인이었는데, 리베라는 결혼했음에도 불구하고 칼로뿐만 아니라 다른 여자들도 사랑했어요. 그럼에도 칼로는 리베라를 사랑해서 아이를 빨리 낳고 싶어 했는데, 사고 후유증으로 번번이 유산되어 아이를 낳을 수 없게 되었습니다. 칼로는 진통제로 육체적인 아픔을 견뎌야 했고, 마음은 늘 쓸쓸하고 외로웠습니다. 결국 리베라의 요구로 10년간의 결혼 생활은 끝이 나고 말았습니다. 자신에게 크나큰 고통을 주었지만 한편으로는 그림의 스승이자 정신적 동반자로서 큰 의미를 가진 리베라였기에, 그와의 이혼은 칼로를 더욱 상심하게 만들었습니다.

이혼 후 칼로가 그린 그림이 바로 〈가시 목걸이와 벌새가 있는 자화상〉입니다. 원숭이는 예전에 리베라가 사 준 동물이었어요. 칼로는 아이가 없는 집이 적적해서 앵무새, 강아지, 원숭이, 사슴 같은 동물들을 키웠어요. 동물은 외로운 칼로에게 위안이 되어 주었지요.

그런데 리베라가 준 원숭이가 지금 딴청을 하고 있어요. 고양이는 귀를 세우고 죽은 벌새를 노리고 있고요. 칼로에게 죽은 벌새는 바로 자신을 뜻합니다. 새들 중에서도 몸집이 작고 다리가 짧은 벌새는 잘 걷지는 못하지만 하늘은 훨훨 날거든요.

자신을 닮은 작은 벌새는 뾰족한 가시에 찔려 죽었고, 자신의 정신적 동반자였던 원숭이(리베라)는 딴청을 하고 있어요. 칼로의 그림은 지금 자기가 많이 아프다고 말하는 중입니다.

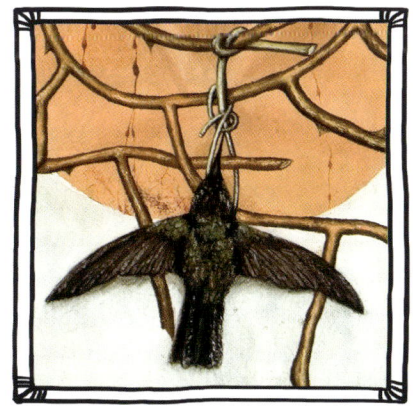

〈가시 목걸이와 벌새가 있는 자화상〉의 부분

5장 자전적 이야기가 담긴 명화 161

6장 현대 미술 감상하기

현대 미술은 어려운 명화? 쉬운 명화?

20세기에는 두 차례의 세계 대전이 벌어지고 이념 간의 대립이 있었고 과학이 급속도로 발전했어요. 이러한 시대적 변화 속에서 미술도 기존의 틀을 과감하게 깬 새로운 시도가 이루어졌습니다. '이거 진짜 미술 작품 맞아?' 할 정도로 과격한 시도도 있었어요.

더 독창적인 미술을 개척하기 위해서 표현 재료와 표현 기법이 다양해졌고, 이에 따라 다양한 미술의 영역이 생겨났어요. 작가의 내면 세계를 형태의 변형과 단순화로 표현한 화가들, 그림 대상을 분해한 후 화면에 재구성한 화가들, 눈에 보이는 현실 세계를 버리고 환상과 무의식의 세계를 선택한 화가들, 속도와 운동감을 역동적인 선과 형태로 표현한 화가들, 일상에서 흔히 보는 물체를 미술 소재로 사용한 화가들…….

현대 미술은 새로운 미술 운동의 장으로서 역동적인 변화를 겪었답니다. 20세기를 풍요롭게 한 작품들을 지금 만나 볼까요?

<아비뇽의 처녀들>, 파블로 피카소, 1907년, 캔버스에 유화, 243.9×233.7cm, 뉴욕 현대 미술관

회화에 대한 과격한 혁명

파블로 피카소 〈아비뇽의 처녀들〉

5명의 여인이 누드로 등장하고 있어요. 그런데 각각 다른 포즈를 취한 여인들의 몸과 배경인 천이 마치 부서진 파편을 이어 놓은 것처럼 보입니다. 어떻게 보면 이리저리 금이 간 거울에 비친 모습 같기도 하고요. 곡선보다는 직선이 더 많은 팔과 다리는 제각각 방향도 안 맞고 형태와 위치도 이상합니다. 오른쪽 두 여인의 얼굴은 마치 아프리카 가면을 쓴 것 같아요. 화면에 등장하는 요소들은 일정한 방향에서 본 시선이 아니라 정면에서 본 시선과 옆에서 본 시선이 마구 섞여 있네요.

이 그림이 등장하자 미술계는 '회화에 대한 정면 도전'이라며 큰 충격을 받았어요. 전통 회화가 가진 아름다운 균형과 조화에 대한 정면 도전이자, 전통 회학의 권위와 가치에 대한 과격한 혁명으로 본 것입니다.

피카소는 브라크와 함께 '입체주의'를 탄생시켰어요. 〈아비뇽의 처녀들〉은 브라크의 작품 〈에스타크의 집〉과 함께 입체주의의 대표작으로 알려져 있지요. 입체주의는 자연의 형태를 기하학적인 기본 형태로 바꾸어 화면 위에서 재구성하고자 했습니다. 이러한 입체주의 탄생에 큰 영향을 미친 화가는 바로 사과가 등장하는 정물화를 그렸던 폴 세잔이랍니다.

<붉은 조화>, 앙리 마티스, 1908년, 캔버스에 유화, 180.5×221cm, 상트페테르부르크 에르미타주 미술관

색을 가지고 변신놀이를 한 화가

앙리 마티스 〈붉은 조화〉

여러분은 '빨간색' 하면 무엇이 가장 먼저 떠오르나요? 빨간 사과인가요? 새빨간 거짓말인가요? 아니면 원숭이 엉덩이인가요?

빨간색에 대한 느낌은 사람마다 모두 다를 거예요. 누구는 새콤한 사과를, 누구는 눈에 보이지 않는 거짓말을, 또 누구는 노랫말에 나오는 원숭이 엉덩이를 떠올리는 것처럼요.

빨간색뿐 아니라 세상의 모든 색들은 위대한 힘을 가졌어요. 색은 그림을 채우는 역할을 하지만 때로는 그 자체가 어떤 의미를 전달하기도 해요. 그래서 화가들은 그림을 그릴 때 어떤 색을 칠할까 생각을 많이 한답니다. 그 가운데 대표적인 화가가 마티스입니다.

아이가 장난감을 가지고 즐겁게 놀듯이 마티스는 색을 가지고 즐겁게 놀았다고 할 수 있어요. 특히 빨강, 파랑, 초록, 노랑 같은 강렬하고 선명한 색들에 관심이 많았어요. 마티스는 어떤 그림에서는 강렬한 색깔들을 골고루 사용하기도 하고, 어떤 그림에서는 한 가지 색을 주인공으로 내세워 사용하기도 했어요.

이 작품 〈붉은 조화〉를 보세요. 현실에서는 볼 수 없을 것 같은 온통 붉은 방입니다. 어떤 여인이 식탁을 꾸미고 있어요. 식탁보와 벽지를 보니 빨강 바탕에 파랑 넝쿨무늬가 똑같네요. 그림의 많은 부분이 이 화려하고 거대한 무늬로 꽉 차 있어요. 식탁과 벽지가 구분이 잘 안 돼서 약간의 집중력이 필요해요. 거대한 무늬 때문에 검은 옷에 하얀 앞치마를 두른 여인이 작아 보여요. 그리고 식탁 위에 놓인 노랑 과일들이 붉은색 배경 속에서 더욱 도드라져 보입니다.

왼쪽에 있는 틀은 그림 액자 같기도 하고 창문 같기도 해요. 초록 들판과 하얀 나무가 보이는 시원한 풍경이네요. 풍경과 붉은 방이 서로 대비를 이루고 있습니다.

마티스는 이 방이 누구의 방인지, 크기가 얼마나 되는지, 빛이 어디에서 들어오는지 따위는 별로 관심을 갖지 않았어요. 오로지 색깔의 변신과 그 색이 어떤 색과 잘 어울리는지에만 관심이 있었지요. 마티스는 대상을 예쁘게 그리거나 똑같이 그리거나 하는 것에도 관심이 없었어요. 물론 처음 그림을 그리기 시작했을 때는 사물을 그리는 연습을 많이 했어요. 하지만 결국 예술가 마티스는 늘 새로운 것을 표현해야 한다는 생각으로 자신만의 스타일을 찾기로 했답니다.

마티스는 강렬한 색들이 그림 안에서 서로 충돌을 일으키는 방법을 택했어요. 형태는 단순하게, 색은 강하게 표현했지요. 그의 그림을 본 비평가들은 "마티스의 그림은 짐승같이 거칠다."라고

<붉은 조화>의 부분

말했어요. 그 후 마티스는 '야수파' 화가로 불리게 되었지요. 사실 '야수파'라는 말에는 비아냥이 담겨 있었어요. 아무도 시도하지 않았던 것을 새로 개척하면 세상은 악평부터 하는 것 같아요.

하지만 마티스는 멈추지 않고 색에 대한 실험을 계속해 나갔어요. 마티스의 그림은 강렬한 색들이 사용되어 거친 듯하지만 한편으로는 색들이 서로 조화를 이루는 단단한 그림이 되었어요. 마티스의 그림은 점차 사람들의 공감을 얻기 시작했지요. 마티스 이전의 화가들은 그 누구도 이토록 강렬한 빨강, 파랑, 초록으로 그림을 그린 적이 없었고, 그가 색을 사용하는 방식은 신선한 충격을 주었거든요.

오늘날 현대 미술을 사랑하는 사람들 사이에서 마티스는 '색채의 마술사'라고 불립니다. 야수파는 새로운 미술 혁명가들에 대한 칭찬의 말이 되었고요. 마티스는 자신만의 독창적인 그림으로 피카소와 함께 20세기 최고의 화가로 손꼽힙니다.

마티스의 다른 작품들

〈춤〉
1909~1910년, 캔버스에 유화, 260×391㎝,
상트페테르부르크 에르미타주 미술관

〈루마니아 풍의 블라우스를 입은 여인〉
1940~1941년, 캔버스에 유화, 92×73㎝,
파리 퐁피두 미술관

〈푸른 누드 2〉
1952년, 종이 오리기 위에 구아슈, 콜라주,
116.2×88.9㎝, 파리 퐁피두 미술관

아, 그림에 움직이는 사람이 있다!

마르셀 뒤샹 〈계단을 내려오는 누드 2〉

어, 이상하다? 분명 제목에 옷 벗은 사람이 계단을 내려온다고 했는데, 그림에는 그런 사람이 안 보이네요. 아무래도 부끄러워서 후다닥 저 나무판자 조각들 뒤에 숨은 걸까요?

그런데 이 그림에는 분명 계단을 내려오는 사람이 그려져 있어요. 정지된 그림 안에 계단을 내려오고 있는 움직이는 동작이 표현되어 있답니다. 가만히 있는 모델도 그리기 쉽지 않은데 어떻게 움직이는 모델을 그렸을까요?

자, 여러분이 하는 행동 중 몇 가지를 생각해 볼까요? 체육 시간에 운동장을 열심히 달리는 것, 다리를 내뻗고 팔을 저으며 인라인스케이트를 타는 것, 자전거 페달을 힘껏 밟아 속도를 내는 것, 친구들과 신호를 주고받으며 공을 차는 것. 이런 움직이는 행위의 순간순간을 그리는 것은 어려운 일이에요. "얼음!" 하고 외쳐서 동작을 멈추게 하고 그리면 모를까요.

그럼 이런 방법을 써 보면 어떨까요? 혹시 휴대 전화를 가지고 있나요? 부모님께 잠시 빌려도 좋아요. 휴대 전화에 카메라가 있을 거예요.

〈계단을 내려오는 누드 2〉, 마르셀 뒤샹,
1912년, 캔버스에 유화, 147×89.2cm, 필라델피아 미술관

그 카메라로 인라인스케이트를 타는 친구나 자전거를 타고 달리는 친구를 연속해서 찍어 보세요. 그런 다음 저장된 사진들을 빠르게 확인해 보세요. 인라인스케이트를 타는 친구의 팔이 어떻게 움직이는지, 또 다리가 어떻게 움직이는지 보일 겁니다. 그 사진들을 이어서 보면 인라인스케이트를 타는 힘과 속도가 느껴질 거예요.

다시 〈계단을 내려오는 누드 2〉를 살펴보기로 해요. 이제 보이나요? 한 사람이 계단을 내려오는 모습을 카메라로 연속해서 찍은 다음, 이어 붙여 놓은 것 같지요?

뒤샹이라는 화가, 참 기발하죠? 움직이는 동작의 연속적인 과정을 정지된 그림으로 보여 줄 생각을 했다는 게 말이에요. 정말 멋있는 시도였다고 생각해요. 마치 오늘날의 동영상이라는 것을 예고하는 그림 같아요.

뒤샹은 힘찬 움직임과 연속적인 동작을 강조하는 '미래주의'라는 미술가 그룹에 영향을 주었어요. 미래주의 미술가들은 인체의 움직임을 여러 조각으로 나누어 보여 주며 속도감을 강조하는 작품을 만들었어요. 미래주의 예술가들은 가만히 서 있는 우아한 여신상보다 빠르게 달리는 기차의 모습이 더 멋있다고 생각했어요. 그만큼 과학과 기술에 매력을 느끼고 영감을 얻었지요.

뒤샹이 〈계단을 내려오는 누드 2〉를 재현하는 모습을 엘리엇 엘리서펀이 연속 촬영으로 찍은 사진이에요.

뒤샹은 늘 새로운 것을 시도했던 예술가예요. 이전의 화가들 대부분이 '예술은 있는 것을 그대로 그리는 것(재현)'이라고 생각했지만 뒤샹은 달랐어요. 그는 "완성된 작품의 겉모습보다 작품을 만드는 과정의 '생각'이야말로 더 창조적인 예술이다."라고 주장했어요.

'개념 수학'이나 '개념 국어'라는 말을 들어 봤지요? 뒤샹은 '개념 미술'을 주장했어요. 예술가의 창조적인 아이디어, 예술가의 생각, 예술에 대한 개념이 중요하다고 본 것입니다. 기존의 것을 뒤집어 누구도 하지 못했던 생각을 하고, 그것을 대중 앞에서 표현하는 것은 쉬운 일이 아니에요. 쏟아지는 비난과 무시를 감수해야 할 때도 있지요. 하지만 그런 천재적인 예술가들의 노력 덕분에 예술은 더욱 풍요로워지는 것입니다.

여러분도 남들이 하니까 무심코 따라서 한 일들을 다시 생각해 보고, 좀 더 독창적인 아이디어에 도전해 보면 어떨까요? 마르셀 뒤샹처럼!

미래주의 화가의 작품들

<도시의 성장>, 움베르토 보초니,
1910년, 캔버스에 유화, 199.3×301cm,
뉴욕 현대 미술관

<쇠줄에 끌려가는 개의 운동>, 자코모 발라,
1912년, 캔버스에 유화, 95.5×115.5cm,
뉴욕 올브라이트 녹스 갤러리

<공간 속에서의 연속적인 단일 형태들>, 움베르토 보쵸니, 1913년, 청동, 높이 111.2cm, 뉴욕 현대 미술관

우리는 힘찬 움직임이 좋다!

움베르토 보초니 〈공간 속에서의 연속적인 단일 형태들〉

다음 낱말들을 천천히 읽어 보세요. 스피드, 힘, 기술, 물질, 도시.

어떤 느낌이 드나요? 우선 매우 강하고 단단한 느낌이 들지요? 또 기계나 문명이 떠오릅니다. 감성적인 미술과는 연결되지 않는 것 같아요. 이러한 느낌이 미술의 주제가 된 것이 바로 '미래주의'입니다.

미래주의는 미술 작품에 시간, 공간, 움직임을 표현하려고 했어요. 보초니는 평면적인 그림도 그렸고, 입체적인 조각도 했던 예술가예요. 〈공간 속에서의 연속적인 단일 형태들〉이라는 긴 제목이 붙은 이 조각 작품은 꼭 로봇이 걷고 있는 것 같아요. 육중하면서도 활기차 보입니다.

예술가들은 세상의 어떤 것도 대충 보아 넘기는 법 없이 그들만의 시선으로 관찰합니다. 아름답든 추하든 존재하는 것에는 다 의미가 있다고 생각하지요. 보초니를 비롯한 미래주의 예술가들의 눈에 들어온 것은 바쁘게 돌아가는 산업 사회의 모습이었어요. 보초니가 살았던 20세기 초는 도시를 중심으로 산업화가 한창 진행되고 있었는데, 그것이 미래주의 예술가들에게 많은 영감을 주었어요. 속도와 운동감이 강조된 보초니의 작품은 미래주의 예술을 가장 잘 표현한 작품으로 평가받고 있습니다.

<키클롭스>, 오딜롱 르동, 1914년, 마분지에 유화, 64×51㎝, 오텔로 크뢸러 뮐러 국립 미술관

외눈박이 거인의 사랑

오딜롱 르동 〈키클롭스〉

높은 산도 단번에 넘을 수 있을 만큼 거대한 외눈박이 괴물이 이쪽을 쳐다보고 있어요. 숲에는 깊은 잠에 빠진 여인이 있고요. 괴물이 마음만 먹으면 손을 내뻗어 한손에 움켜쥘 수도 있겠어요.

이 그림은 르동이 그리스 신화의 키클롭스 이야기를 그린 것입니다. 키클롭스는 외눈박이 거인족이에요. 그림에 등장한 거인은 키클롭스 중에서도 바다의 요정 갈라테이아를 사랑한 폴리페모스입니다. 잠에 빠진 여인이 바로 갈라테이아고요. 그런데 그림에서 느껴지듯이 갈라테이아는 폴리페모스를 사랑하지 않았어요. 갈라테이아의 마음은 미소년 아키스를 향하고 있었지요. 괴로워하던 폴리페모스는 커다란 바위를 던져 아키스를 죽였습니다. 그러자 갈라테이아는 아키스의 피를 강이 되어 흐르게 하고 그 강을 아키스 강이라 이름지었어요. 아키스가 사라졌어도 갈라테이아의 마음은 폴리페모스의 것이 되지 않았습니다.

르동은 무시무시한 외눈박이 거인을 그렸지만 그 눈빛이 무섭기보다는 애처로워 보입니다. 르동 이후에 나타난 초현실주의 화가들은 환상과 무의식 세계에 관심을 가졌는데, 르동이 여기에 많은 영향을 주었습니다.

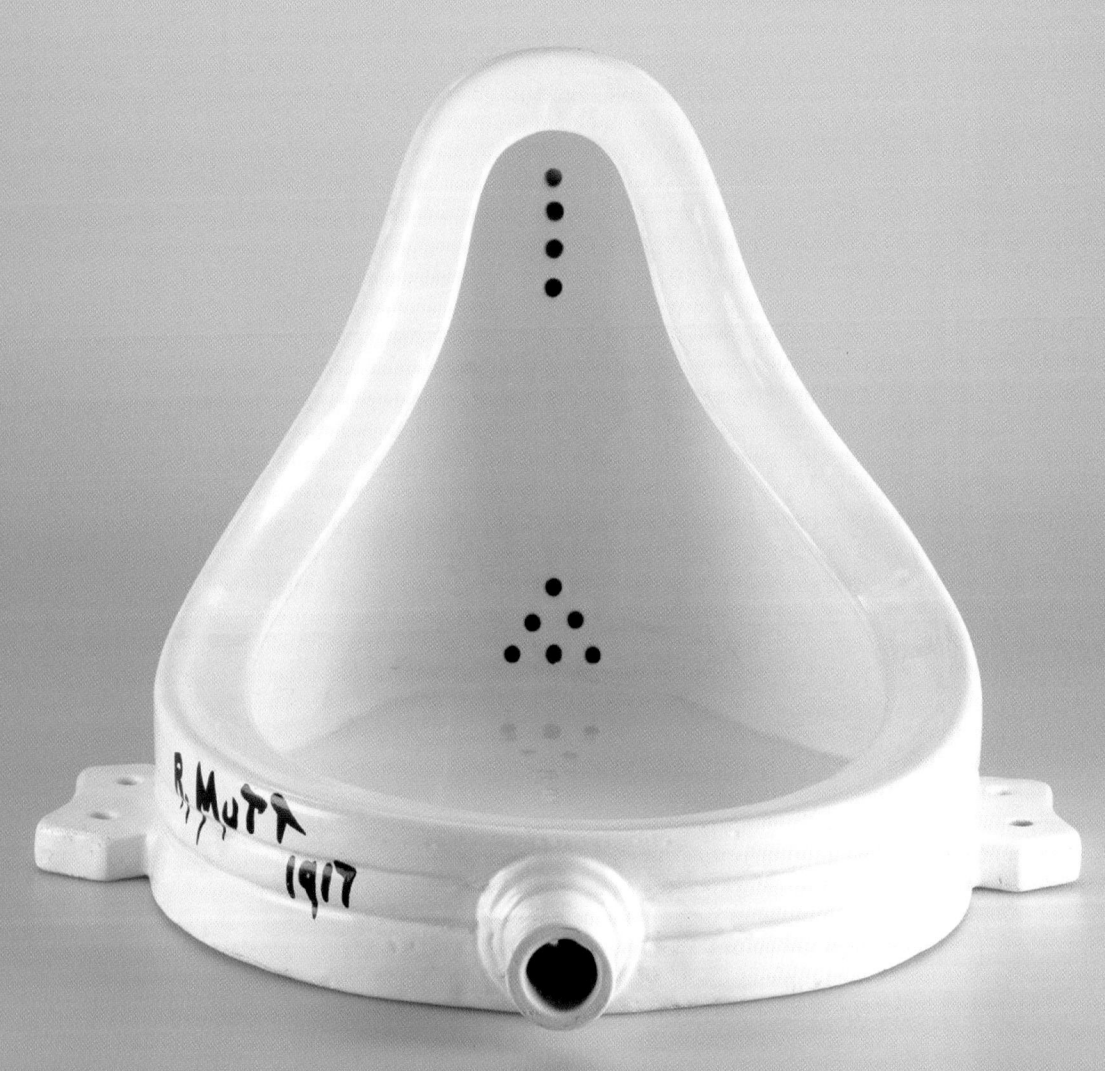

<샘>, 마르셀 뒤샹, 1917~1964년,
재료는 남성용 소변기, 높이 63cm, 파리 퐁피두 미술관

이것은 예술 작품인가?

마르셀 뒤샹 〈샘〉

  1917년, 뉴욕 어느 전시회에 도자기로 만든 남성용 소변기가 출품되었어요. 작품명은 'Fountain(샘)'이었고, 소변기 왼편에는 "R. MUTT 1917"이라는 서명이 되어 있었어요. 뒤샹이 자기 존재를 감추기 위해 가명을 써 놓은 것이지요. 이런 황당한 물건을 전시회에 출품하다니요? 1917년 당시 전시회 주최측은 "이 소변기를 결코 미술 작품이라고 볼 수 없다."라는 결론을 내렸고 이 작품의 전시는 거부되었어요.

  뒤샹이 〈샘〉을 통해 말하고 싶었던 것은 무엇일까요? 그는 예술 작품은 작품의 제작 과정보다 작품을 구상하는 아이디어가 더 중요하다는 주장을 한 것입니다. 그래서 그는 공장에서 생산된 레디메이드(ready-made), 즉 기성품이라도 예술가가 새로운 의미를 부여하면 예술 작품이 될 수 있다고 생각했어요.

  이 같은 색다른 발상은 현대 미술의 경계를 무한히 확장시켰습니다. 뒤샹은 당시 큰 환영을 받지도 못했고 많은 작품을 남기지도 않았지만, 훗날 예술가들의 영웅이 되어 피카소와 함께 현대 미술사에 큰 영향을 주었어요. 예술가들은 뒤샹 덕분에 더 넓고 다양한 시도를 하게 되었습니다.

<공간 속의 새>, 콘스탄틴 브랑쿠시, 1928년, 청동, 높이 137.2cm, 뉴욕 현대 미술관

날아가는 새의 모습을 보았니?

콘스탄틴 브랑쿠시 〈공간 속의 새〉

하늘을 나는 새 하면 어떤 이미지가 떠오르나요? 우선 새는 두 개의 날개가 있고 다리가 있으며 뾰족한 부리가 있습니다. 뭐니 뭐니 해도 새에게서 가장 부러운 것은 훨훨 날 수 있는 날개지요.

그런데 이 작품이 우리가 아는 그 새로 보이나요? 제목이 없다면 누구도 이것이 새를 표현한 작품이라는 걸 쉽게 알아채지 못했을 거예요. 브랑쿠시는 빠르게 날아가는 새의 특징만 간단하게 표현했거든요.

단순해 보이는 이 작품을 만드는 데 시간은 얼마나 걸렸을까요? 놀라지 마세요. 구상부터 제작까지 무려 20년이나 걸렸답니다. 예술 작품의 형태가 단순하다고 해서 창작하는 시간이 짧아지는 것은 결코 아니에요. 나타내고자 하는 주제를 단순하게 표현하고자 할 때는 무엇을 과감하게 제거하고 무엇을 최종적으로 남길 것인가 고민을 많이 해야 하거든요. 색, 선 등의 요소로만 표현하는 추상 미술은 사물을 사실적으로 표현하는 구상 미술보다 연구를 많이 해야 하기 때문에 그만큼 고민이 더 깊어질 수밖에 없답니다. 로댕도 추상적인 작품을 시도한 조각가지만, 완전한 추상 조각은 브랑쿠시의 작품이 최초입니다.

<세 여인>, 페르낭 레제, 1921~1922년, 캔버스에 유화, 183.5×251.5cm, 뉴욕 현대 미술관

기계 인간이 된 사람들

페르낭 레제 〈세 여인〉

여기 세 명의 여인들이 있어요. 머리와 가슴은 동그란 쇠공 같고 긴 머리카락은 파동을 치고 있어요. 목과 몸통, 팔, 다리는 마치 원기둥 형태의 금속관 같네요. 한마디로 기계 인간, 로봇을 보는 것 같습니다.

이렇게 대상을 원통형의 단순한 형태로 표현한 레제의 방식을 '튜비즘(tubism)'이라고 합니다. 그런데 "자연에는 동그라미, 원통, 원뿔 형태가 숨어 있다."라고 말한 화가를 기억하나요? 그래요, 세잔이지요. 레제는 세잔, 피카소 같은 화가들의 영향을 받았어요.

레제가 이렇게 사람들을 기계처럼 그린 데에는 이유가 있습니다. 레제가 살던 19세기 말에서 20세기 초는 기계화, 산업화가 급격하게 진행되던 시대였어요. 또한 레제는 제1차 세계 대전 당시 군인으로 복무하면서 대포, 총, 탱크, 비행기 같은 기계에서 새로운 아름다움을 발견했어요. 그리하여 제대 후 사람과 기계를 같이 연결하여 생각하던 중에 기계 인간을 그리게 된 것입니다. 또 배경에 기계 부품을 쌓아 놓은 듯한 구성은 건축 일을 했던 그의 경험과 연관이 있어요. 이런 것을 보면 예술가가 처한 환경과 경험이 얼마나 중요한지 알 수 있지요?

<세네치오>, 파울 클레, 1922년, 캔버스에 유화, 40.3×37.4cm, 바젤 미술관

가장 아름다운 동그라미, 세모, 네모 이야기

파울 클레 〈세네치오〉

어디선가 많이 본 듯 친숙한 그림입니다. 유치원 다니는 동생이 크레파스를 꺼내 동그라미, 세모, 네모로 그린 얼굴 같아요. 사실 이 그림은 어린아이가 그린 것이 아니라 스위스 출신의 화가 클레의 작품입니다. 클레는 동그라미, 세모, 네모 같은 기본 도형들을 이용해 그림을 그렸어요. 알고 보면 우리 주위에 있는 대부분의 사물은 그런 기본 도형들로 이루어져 있답니다.

그림에는 오렌지색과 노란색이 많이 쓰였네요. 클레는 한때 아프리카를 여행하면서 아프리카 색채의 매력에 빠진 적이 있어요. 아프리카에서 본 자연의 색에서 도시에서 볼 수 없는 깨끗한 아름다움을 발견한 것이지요. 혹시 이 얼굴은 아프리카에서 만난 어떤 이의 얼굴을 생각하며 그린 것은 아닐까요? 아니면 어느 음악가의 얼굴은 아닐까도 생각해 봅니다. 왜냐하면 클레는 그림만큼 음악에도 재능이 많았거든요. 클레의 부모님은 음악가였고, 클레도 바이올린을 잘 다루었어요. 하지만 그는 바이올리니스트가 되기보다는 화가가 되어 그림으로 느낌을 전달하기로 했어요. 경쾌하고 순수한 이 그림은 어떤 음악의 느낌과 닮았나요?

<기억의 지속>, 살바도르 달리,
1931년, 캔버스에 유화,
24×33cm, 뉴욕 현대 미술관

두통과 그림

살바도르 달리 〈기억의 지속〉

개인적으로 여러분에게 권하고 싶은 그림들이 있는데, 바로 달리와 마그리트의 그림이에요. 이 화가들의 그림은 예술적 독창성과 풍부한 상상력을 잘 보여 주기 때문에 여러분에게도 무척 흥미로울 거라고 생각하거든요.

달리의 작품 〈기억의 지속〉을 볼까요? 저 멀리 바다와 가파른 절벽이 보여요. 왼쪽에는 네모난 상자가 보입니다. 네모난 상자 위에 앙상한 나뭇가지가 뻗어 있는데, 가지 위에 시계가 마치 빨래처럼 걸려 있어요. 조금 더 큰 시계가 역시 네모난 상자 모서리에 걸려 있고, 그 옆에 있는 뒤집어진 시계에는 개미 떼가 꼬여 있습니다. 바닥에는 눈을 감은 사람의 옆얼굴 같은 형태가 있는데, 그 위에도 시계가 걸려 있어요.

그림 안에는 모두 네 개의 시계가 있는데, 제각각 시간이 다르고 접혀 있거나 혹은 녹아내리고 있습니다. 시간이 계속 흐르기 때문에 기억은 영원히 지속될 수 없다고 말하고 싶은 걸까요? 아니면 시간이 아무리 흘러도 기억은 변함없이 영원하다는 것을 말하고 싶은 걸까요?

이 그림을 보면서 사람이 기억을 마음대로 조절할 수 있으면 좋겠다는 생각을 했어요. 행복했던 기억은 오래 지속시켜서 한 번씩 꺼내 보고 싶고요, 안 좋았던 기억은 곧바로 지워졌으면 좋겠어요. 그런데 현실은 반대일 때가 더 많은 것 같아요. 오히려 행복했던 기억은 일찍 잊히고, 안 좋았던 기억은 오래 남거든요.

달리 역시 안 좋은 기억이 지속되고 있는 것 같아요. 그림을 보면 차가운 겨울바람이 바다를 일순간 얼게 만든 것처럼 보이고, 해안가의 절벽도 메마르고 거칠어 보입니다. 햇빛이 절벽에만 비치고 있는데 웬만해서는 바다가 다시 넘실거리거나 절벽 위에 풀이 자랄 것 같지 않아요. 상자 위 나뭇가지는 초록 잎사귀 피우는 것을 잊어버리고 성장을 멈추었습니다. 개미들이 탐하고 있는 회중시계도 시간을 멈추었네요.

〈기억의 지속〉은 어떻게 탄생하게 되었을까요? 달리는 극장에 가기로 했다가 두통이 심해서 아내와 친구들만 보내고 자신은 화실에 혼자 남았어요. 천천히 그림을 그리다 보면 두통이 나아질 거라고 생각했지만 두통은 점점 더 심해져만 갔어요. 그래서 불을 끄고 화실을 나서며 시계를 보았는데 시계가 저렇게 녹아내리는 것처럼 보였어요. 순간, 어떤 영감을 받은 달리는 다시 불을 켜고 몰입해서 이 그림을 순식간에 완성했답니다.

머리가 깨질 것 같은 두통이 훌륭한 그림을 탄생시킨 셈이 되었네요. 그럼 두통의 기억은 사라지고 명작의 기억만 남은 것일까요? 아니면 〈기억의 지속〉이라는 그림이 남아 있는 한 두통의 기억도 지속되는 것일까요? 여러분은 어떻게 생각하나요?

<넘버 1A>, 잭슨 폴록, 1948년, 캔버스에 유화 및 에나멜 물감, 172.7×264.2cm, 뉴욕 현대 미술관

물감을 붓고 튀기는 '액션 페인팅'의 시작

잭슨 폴록 〈넘버 1A〉

폴록의 그림에서 어떤 형태를 찾는 것은 무의미해요. 〈넘버 1A〉에서 보이는 것처럼 폴록의 미술은 다른 화가들과는 많이 다릅니다. 우선 창작 과정이 전혀 달라요.

대부분의 화가들은 이젤 위에 캔버스를 세워 놓고 붓을 사용해 면을 색으로 채워요. 그러나 폴록은 캔버스를 바닥에 펼쳐 놓아요. 그런 다음 캔버스 위에 유화 물감, 에나멜 물감 같은 서로 섞이지 않는 재료를 막대기나 붓 등을 이용해 툭툭 떨어뜨리고, 줄줄 흘리고, 확 끼얹습니다. 그런 행위를 통해 캔버스 위에 생기는 우연한 효과에 집중한 것이지요.

우연의 효과에 의한 물감의 흔적이 〈넘버 1A〉처럼 화면에 층을 쌓으면서 작품이 됩니다. 물론 물감 뿌리는 양과 범위는 화가의 의도대로 조절했어요. 화가의 움직임이 중요한 요소가 되는 이런 그림을 '액션 페인팅(Action Painting)'이라고 해요.

폴록을 추상 표현주의 미술(제2차 세계 대전 후에 일어난 미국의 추상 회화)의 선구자라고 합니다. 미술의 역사가 짧은 미국은 폴록에게 아낌없는 지원을 하여 그를 세계적인 스타로 만들었습니다.

<골콩드>, 르네 마그리트, 1953년, 캔버스에 유화, 81×100cm, 휴스턴 메닐 컬렉션

하늘에서 남자들이 비처럼 내려요

르네 마그리트 〈골콩드〉

　도시의 허공에 셀 수 없이 많은 남자들이 있어요. 하늘에서 인간 비가 내리는 것 같아요. 〈골콩드〉는 '겨울비'라는 제목으로도 불려요.

　하늘에서 땅으로 내려오는 방향과 속도를 보여 주듯이 그림 위쪽과 아래쪽에는 남자의 상반신 혹은 하반신만 보입니다. 남자들은 전부 긴 코트를 입고 중절모를 쓰고 있어요. 코트와 중절모는 마그리트 자신이 즐겨 착용하던 차림인데, 마그리트의 다른 그림에서도 종종 등장한답니다. 이 인간 비는 화가의 분신들이 아닐까요? 그렇다면 화가는 분신들을 등장시켜 무슨 말을 하고 싶었던 걸까요?

　빗방울처럼 많은 사람들이 있지만 떠들썩한 느낌은 없어요. 이들은 모두 일정한 거리를 두고 홀로 있어요. 많은 사람이 등장하지만 오히려 더 쓸쓸하고 고독해 보이는 모습이에요. 착 가라앉은 도시의 색조도 훈훈함이나 따뜻함과는 거리가 멀어요.

　어쩌면 마그리트는 도시에 사람들이 하늘에서 내리는 빗방울만큼 많아도 고독하기는 마찬가지라는 것을 말하고 싶었는지도 모르겠어요. 마그리트의 그림을 보면 대부분 창조적인 아이디어가 넘치는 이미지에 깜짝 놀라 감탄하다가도 서서히 고독함과 허무함을 느끼곤 해요.

초현실주의(현실을 벗어난 비합리적이고 자유로운 상상을 추구하는 미술) 화가 마그리트는 기발한 아이디어의 그림 내용 때문에 많은 애호가가 있어요. 다른 초현실주의 화가들과 마그리트의 그림은 다른 점이 있어요. 다른 초현실주의 화가들은 현실이 아닌 몽롱한 꿈이나 정신적인 세계를 연구하고 그린 반면, 마그리트는 우리에게 익숙한 사물을 낯선 공간에 배치하는 식으로 그림을 그렸어요. 사물의 크기를 크게 과장하거나 사물과 배경의 구분을 모호하게 하거나 현실적으로 불가능한 것을 그림에서 아주 사실적으로 보여 주는 식이지요. 이런 기발한 상상력에 의한 생각 뒤집기는 감상자를 즐겁게 할 뿐만 아니라, 감상자로 하여금 생각하는 틀을 깨뜨리도록 유도해요.

〈이미지의 반역〉, 르네 마그리트, 1929년, 캔버스에 유화, 60.3×81.1cm, 로스앤젤레스 카운티 미술관

마그리트의 그림 중에 〈이미지의 반역〉이라는 유명한 작품이 있습니다. 담배 파이프를 커다랗게 그려 놓고 그 밑에 "이것은 파이프가 아니다."라고 썼어요. 사실 그건 진짜 파이프가 아니지요. 물감으로 그린 그림에 불과해요. 화가들이 사물을 실제처럼 그리는 전통적인 방식에 대해 마그리트는 "그게 진짜 맞습니까? 당신의 생각이 정말 맞습니까?" 하고 질문하는 것입니다.

언뜻 보면 단순한 이미지이지만 그 안에 담긴 반전 때문에 자꾸 보게 되는 것이 마그리트 그림의 매력입니다.

<캠벨 수프 통조림>, 앤디 워홀, 1962년, 캔버스에 합성수지 안료, 50.8×40.6cm(1개의 캔버스), 뉴욕 현대 미술관

내 예술은 '세상을 비추는 거울'

앤디 워홀 〈캠벨 수프 통조림〉

'팝 아트'라는 말을 들어 본 적이 있나요? 우리 일상에서 흔하게 볼 수 있는 물건이나 인물을 주제로 표현하는 것을 '대중 미술' 또는 '팝 아트'라고 합니다. 워홀은 '팝 아트의 제왕'이자 '미국 팝 아트의 선구자'로 불리는 예술가입니다. 순수 미술과 대중 미술의 경계를 무너뜨리는 변화를 주도했기 때문이에요.

이제 워홀의 그림을 볼까요? 가득 쌓인 깡통은 캠벨사의 수프 통조림입니다. 워홀은 예술 주제를 이렇게 생활 주변에서도 찾아 표현했습니다.

워홀은 상업 디자이너로 경력을 쌓기 시작했던 만큼, 상품화되고 대량화되는 미국 사회에서 자신만의 작업 방법을 찾았어요. 미국인들이 매일 먹는 캠벨 수프 통조림 이미지, 텔레비전으로 보는 마릴린 먼로나 엘비스 프레슬리 같은 유명 스타들의 이미지를 작품에 사용했지요. 제작은 대량으로 찍어 내는 방식이었고요.

워홀은 '예술은 그 시대를 제대로 보여 주는 거울'이어야 한다고 믿었어요. 또 '일상이 예술이 되고 예술이 일상이 되어야 한다.'고 생각했던 선구적인 예술가랍니다.

사진 출처

유로크레온, 이미지코리아, Getty Image/멀티비츠, Shutterstock, Wikimedia Commons, Wikipedia

- 이 책에 실린 사진은 저작권자의 허락을 받아 게재한 것입니다.
- 저작권자를 찾지 못해 게재 허락을 받지 못한 일부 사진은 저작권자가 확인되는 대로 게재 허락을 받고 통상 기준에 따라 사용료를 지불하겠습니다.

| 찾아보기 |

ㄱ

개념 미술 · 175

고갱, 폴 · 148

고대 그리스 미술 · 13

고야, 프린시스코 · 91

공간 연출법 · 30

공기 원근법 · 30

광학 이론 · 133

구상 미술 · 183

ㄷ

다 빈치, 레오나르도 · 24, 29

달리, 살바도르 · 190

대중 미술 · 199

뒤샹, 마르셀 · 173, 181

드가, 에드가르 · 75

들라크루아, 외젠 · 99

ㄹ

레디메이드 · 181

레제, 페르낭 · 185

렘브란트, 하르먼스 판 레인 · 57

로댕, 오귀스트 · 101, 129

로트렉, 앙리 드 툴루즈 · 145

루벤스, 페테르 파울 · 51

루소, 앙리 · 103

르네상스 · 10

르누아르, 피에르 오귀스트 · 77, 85

르동, 오딜롱 · 179

ㅁ

마그리트, 르네 · 196

마네, 에두아르 · 83, 123

마티스, 앙리 · 168

명암법 · 30

모네, 클로드 · 125

모사 · 51

뭉크, 에드바르 · 151, 153

미래주의 · 174, 177

미켈란젤로 부오나로티 · 33

밀레, 장 프랑수아 · 119

ㅂ

바로크 미술 · 51

반 고흐, 빈센트 · 143

발라, 자코모 · 175

벨라스케스, 디에고 · 59

벽화 · 26

보초니, 움베르토 · 175, 177

보티첼리, 산드로 · 18

브랑쿠시, 콘스탄틴 · 183

브뤼헐, 피터르 · 48

ㅅ

산치오, 라파엘로 · 38

삼각형 구도 · 29

색채학 · 133

샤갈, 마르크 155, 157

선 원근법 · 30

세잔, 폴 · 135, 139

쇠라, 조르주 · 132

순수 미술 · 199

스푸마토 기법 · 30

ㅇ

아르침볼도, 주세페 · 41

액션 페인팅 · 193

앵그르, 장 오귀스트 도미니크 · 113

야수파 · 170

외광파 · 127

워홀, 앤디 · 199

원근법 · 26

유화 물감 · 30

인문주의 · 38

인상주의 · 127

입체주의 · 165

ㅈ

자화상 · 143
재현 · 175
점묘법 · 133
정물화 · 135
제리코, 테오도르 · 95
조소 · 101
종교화 · 52

ㅊ

청동 · 101
초상화 · 29
초현실주의 · 197
추상 미술 · 183
추상 표현주의 · 193

ㅋ

카유보트, 귀스타브 · 81
칼로, 프리다 · 159
콘트라포스토 · 30, 35
쿠르베, 구스타브 · 115
클레, 파울 · 187
클림트, 구스타프 · 121

ㅌ

템페라 · 30

튜비즘 · 185

ㅍ

팝 아트 · 199
페르메이르, 요하네스 · 63
폴록, 잭슨 · 193
풍속화 · 57
프라고나르, 장 오노레 · 71
피카소, 파블로 · 106, 109, 165

ㅎ

해부학 · 30
현대 미술 · 123, 163
호베마, 메인더르트 · 69

사회와 추리의 만남
모든 사건의 열쇠는 사회 교과서에 있다!

〈어린이 과학 형사대 CSI〉를 잇는 또 하나의 시리즈,
새로운 인물과 더욱 흥미진진해진 사건으로 탄생한
'어린이 사회 형사대 CSI'의 이야기!

다섯 친구들이 펼치는
좌충우돌 형사 학교 이야기.

이제부터 사회 CSI와 함께 흥미진진한
사건들을 해결해 보자!

사회 형사대 CSI 시즌 1 완간!

❶ CSI, 탄생의 비밀 ❷ CSI, 힘겨운 시작 ❸ CSI에 도전하다 ❹ CSI, 파란만장 적응기
❺ CSI, 위기에 처하다 ❻ CSI, 경찰서 실습을 가다 ❼ CSI, 영국에 가다
❽ CSI, 정치 사건을 해결하다 ❾ CSI, 멋진 친구들! ❿ CSI, 새로운 시작!